대전 동구에 부는
천지개벽

황인호 지음

오늘의
문학사

서문 ·

정치는 다스리는(政) 게 아니라, 바로 세우는(正) 것이다

정치는 다스리는(政) 게 아니라, 바로 세우는(正) 것이다. 바로 세우려면 자신이 먼저 바르지 않으면 안된다. 행정은 관리와 봉사를 의미하지만(ministration), 방향과 대상(ad)이 없으면 무의미하다. 말할 나위 없이 방향과 대상은 주민이다. 주민을 향한 봉사가 굳이 '주민자치'라는 수식어가 붙지 않더라도 진정한 행정이다.

이러한 생각으로 24년간 지방의원과 지방자치단체장을 해왔다. 그랬더니 지방의원 시절에는 최고의원상과 최고의장상, 최고의회상을 싹쓸었다. 동구청장 시절에는 대한민국자치발전대상과 서울석세스대상, 지방인사혁신경진대회우수상 등 많은 수상에서 보여지듯이, 차별화된 대전 동구의 위상을 다졌다.

특히 민선7기 4년간의 동구청장 재임기간은 나에게 최상의 황금기였다. 어릴적부터 다산 정약용을 좋아하고 실학사상에 매료되었었는데, 이를 실천으로 옮길 수 있는 더할 나위없는 기회였다. 어려운 시기에 실학사상가들이 돋보이듯이, 나에게 맡겨진 동구는 참으로 어려운 상대였다. 하지만 동구는 나의 어린 시절부터 지금까지 살아온 모태도시였기에 결코 낯설지가 않다. 오히려 나의 능력을 저울질할 수 있는 좋은 찬스였다.

호화청사와 국제화센터 등의 방만한 사업으로 재정이 나락에 떨어진 동구, 공무원 인건비도 마련하지 못하는 동구, 공무원 수당을 다른 구청과 시청 공무원들보다 1년에 2백여만 원을 지급하지 못하는 동구, 그래서 공무원들이 가장 기피하는 직장 동구청, 주민들은 열심히 세금을 내지만 민원을 제기하면 예산이 없다는 소리만 들려오는 동구, 달동네와 함께 부동산 가격이 가장 싼 동구, 이러니 공무원만 떠나는 게 아니라 주민들도 떠나는 동구였다. 실로 540여억 원의 빚 때문에 동구의 10여 년은 암흑기였고 지방자치가 실종된 기간이었다.

나는 취임하면서 동구의 상징인 바람개비 모양의 1자 네 개에 새로운 의미를 부여했다. 경제1번지, 도시혁신1번지, 관광1번지, 안전1번지가 그것이다. 그리고 공무원 수당을 안 주고 그 돈으로 빚을 갚는 엉터리 행정을 즉각 중단하고, 무엇보다 우선 공무원들의 수당을 다른 행정기관에 맞춰주었다. 그리고 인사혁신을 단행하여 국시비와 민자유치를 많이 끌어들이는 공무원, 전국에 동구의 명예를 선양한 공무원, 주민에게 친절하고 민원처리를 잘 하며 평판이 좋은 공무원, 다자녀가족의 공무원에게 인사 우대를 하였다.

성과는 단박에 나타났다. 과거와 확연히 비교될 정도로 사기가 오른 공무원들이 민선 7기 4년 동안 무려 5,664억 원에 달할 정도의 국비와 시비를 끌어왔다. 대전 5개 구에서 예산규모가 4위였던 동구가 잘사는 유성구를 제치고 2위에 올랐다. 돈을 많이 따오니 4년 동안 갚기로 한 114억 원의 빚도 2년 만에 다 갚았다. 아이디어도 팡팡 터져서 천사의 손길, 나눔냉장고, 땡뚱빨래방, 경로당 찜질방, 스토리텔링 공중화장실, 식장산 정상에 카페 설치, 16개 동마다 상징로고와 마을축제 만들기, 전국에 소문 난 대청호 명상정원 조성, 세상에서 가장 긴 벚꽃길 축제 시작, 어린이집 인덕션 설치, 그림자조명 규제 해제 등 일일이 열거하기 어려울 정도다.

　대전시립병원과 사회적 경제혁신타운, 제2시립도서관, 어린이장난감도서관, 쿠팡물류센터를 유치했고, 홍도육교 지하차도를 만들고, 대전-옥천간 광역철도도 확정했다. 대전역세권이 혁신도시와 도심융합특구로 중복 지정되기도 했다. 공영개발로 하는 달동네 없애기 사업이 중단되었다가, 천동3구역을 필두로 대동2구역, 구성2구역, 소제구역 등 4곳이 마침내 물꼬를 텄다. 특히 천동3구역에 박차를 가했던 것은 천동중학교 설립의 전제 조건이었기 때문이다. 대규모 아파트 건립과 함께 학군도 좋아지는 것을 노린 것이다. 산내 골령골에 평화공원, 역세권에 2개의 역사공원, 대동하늘공원, 철도관사 카페촌, 대청호 명상정원과 효평마루, 상소동 오토캠핑장 등 힐링공간이 우후죽순 늘어났다.

　공무원들의 승진도 엄청나게 빨라져서, 내가 4년 동안 승진시킨 사무관과 서기관의 인원이 그 이전 8년 동안 승진한 인원보다 2배가 많았다. 자연 동구청은 과거처럼 기피하던 직장이 아니라 가장 선호하는 직장이 되었다. 다른 지방정부에서 이러한 인사혁신을 배우러 동구청을 방문하러도 왔다. 인사혁신은 공무원들의 사기진작과 함께 각자의 능력을 고양시켰고, 이 혜택은 고스란히 주민들에게 돌아갔다. 엄청나게 친절해진 공무원들을 대하며 동구민들은 새로운 세상을 경험하게 되었다.

　민자유치에 앞장서다보니 동구 전역에 민간기업들이 투자하느라 줄을 섰다. 가장 답보상태에 있던 대전역세권 개발이 시작되었고, 동구 16개 동에 무려 30곳 가까운 도시재정비사업이 시작되었다. 이제 동구는 대전에서 가장 많은 아파트를 짓는 도시혁신1번지로 꼽히게 되었다. 취임 초기에 땅값좀 올려 달라는 일부 주민들의 입을 막아버렸다. 그야말로 '천지개벽 부자동구'라는 타이틀에 딱 어울린다.

작년 지방선거에서 2,950표 차이로 석패하고 나서, 가장 아쉬운 것은 당장 눈앞에 보이는 '천지개벽 부자동구'가 멈춰선 기분이다. 만나는 동구민들이 다들 아쉬워한다. '천지개벽 부자동구'가 추동력을 잃어서는 안된다! 그 추동력을 일으킨 내가 멈추어서는 안된다. 그래서 나는 1년여의 안식기를 거쳐 다시금 운동화끈을 고쳐맸다. 일 못하는 사람이 동구에 머물러서는 안된다. 동구와 동구민은 속도가 있는 변화를 원하기 때문이다.

동구를 가장 잘 아는 토박이 전문가로서 나는 동구의원, 대전시의원, 동구청장을 거치면서 주민들의 많은 성원을 받아왔다. 그 성원에 보답하기 위하여 공금으로 해외연수를 단 한 번도 가지 않았고, 51세에 늦깍이 결혼을 삼성동 동서초 강당에서 주민축제로 할 정도로 불철주야 일만 해왔다. 지금도 전세아파트에 살지만, 우리 동구가 행복하게 잘 살기만 바란다.

이 책에 수록된 글들은 일 잘하는 공무원들과 그렇게 행복하게 일했던 4년간의 편린들이다. 김용복 선생님은 또 다른 칼럼으로 응원을 해주셨고, 아내 주연숙과 처형 주종순은 열띤 독자로 용기를 주었으니 감사할 따름이다.

2023년 12월 8일

초심 황 인 호

추천사 •

언론인의 눈에 비친
황인호 전 대전 동구청장

"인간(人間)"이 바꿀 수 없는 것은 없다. '역사'는 해석(解釋)에 따라 바뀌고, '미래(未來)'는 의지에 따라 바뀌는 것이다. 특히 지역발전은 단체장의 의지에 따라 바뀐다는 것을 우리는 그동안 대전의 단체장들의 업적을 보고 알고 있다. 그리고 단체장들이 무엇을 바라보는가에 따라 지역발전도 바뀌는 것이다. 구약성서에 나오는 사울 왕은 상대인 다윗만 바라보고 다윗만 죽이려고 노력하다가 인생을 망쳤지만, 다윗은 사울을 보지 않고 하나님만 바라보았기에 왕으로서의 추앙을 받고 있는 것이다.

재임 4년 가까이 동구민만 바라보며 말없이 실천만 하는 황인호 전 동구청장이 입을 열었다. 자신감이 생겼기 때문이다.

민선 7기로 동구청장에 당선되어 임기를 마친 황인호 동구청장이 바라보는 목표는 민선 8기에 자신과 맞서 싸울 상대를 바라보지 않고, 주민들이 잘 사는 동구, 4차원 세계를 살아가야 할 주민들을 보았던 것이다. 그래서 그는 신바람 나는 공직문화 혁신과 대규모 공모사업 유치 등 다양한 성과를 이뤘으며 동구민들의 행복한 삶을 누리기 위해 다섯 가지 복주머니를 얻은 것이 가장 큰 기쁨이자 보람이라고 말했다.

그가 밝힌 동구민들이 누릴 五福이란 무엇인가?

첫 번째 복이 대전역세권 재정비사업의 시작이라는 것이다.

지난해 혁신도시 지정은 물론, 도심융합특구 지정, 복합2구역 민간사업자 선정 등 대전역 일대는 경부선이 만들어진 지 110년 만에 가장 변화와 혁신의 기회를 맞았는데 향후 4~5년 사이 이 지역은 2조 3,000억 원이라는 천문학적인 자금이 투입돼 69층 초고층 아파트와 3,400세대 규모 주거단지·백화점·영화관·쇼핑시설이 들어서고, 혁신도시 공공기관 입주까지 천지개벽의 시대가 열릴 것이라는 전망이다.

두 번째 복이 공영개발 주거환경개선사업이라는 것이다.

대전 동구는 전국 광역시 여섯 군데 동구 중 LH공동공영개발 주거환경개선사업이 가장 많이 이루어진 곳이며, 앞으로도 천동3구역·대동2구역·구성2구역·소제구역 등 사업이 예정돼 있고, 쪽방촌 1,400호 공동주택단지 건설과 용운동·용전동·성남동·천동 도시재생 선도사업도 착착 진행될 예정이라는 것이다.

세 번째 복이 민영개발인데 공영개발 성공을 촉매제로 현재 주민들이 조합을 설립해 확정한 사업만 20곳에 달하며, 추진 중인 곳을 포함하면 50곳이 넘는다고 했다. 또한 동구는 전국의 내로라하는 대기업이 다 모여 서로 먼저 투자하기 위해 경쟁하는 지역이므로 앞으로 계속 발전할 가능성이 크다는 것이다. 동구에 몰려드는 인구 숫자가 그 근거인 것이다.

네 번째 복은 대전의료원 확정으로, 지난 10여 년 전 시립병원 용도로 마련해놨던 부지를 훼손하고 구청사를 설립해 다시 동구에 대전의료원을 달라는 말도 못 할 처지였는데, 범시민결의대회 등 전방위 노력을 통해 예타 면제를 이끌어 용운동 일원에 319병상 규모로 2026년 준공이 계획돼 있다는 것이다.

다섯 번째 복은 채무 없는 희망 동구를 이루어냈다는 것이다. 다시 말해 2008년 가오동 신청사 및 동 주민센터 청사 건립 등을 위해 발행한 지방채 453억 원을 모두 갚아 그동안 못 주던 공무원 인건비를 제대로 주게 됐다는 것이다.

황청장이 임기를 시작할 때만 해도 110억 원의 빚이 남아 있었는데, 당초 계획보다 2년이나 앞당겨 채무를 전액 상환했기에 무작정 허리띠만 졸라맨 것이 아니라 공무원 인건비 모두 지급하고, 대청호 100억 원, 인동국민체육센터 120억 원 등 사업은 사업대로 다 해가면서 빚을 청산했다는 점에서 목민관으로서의 임무를 완수했던 것이다.

장하다 황청장이여!
그대의 청렴결백하고 말없이 실천하는 성격임을 잘 알고 있는 필자는 지난 2018년 7월 1일 '새로운 가치의 동구 실현'을 외치며 구정의 첫걸음을 뗀 뒤 그동안 밤낮없이 일해온 것을 알고 있다. 필자의 눈에 비친 황인호 대전 동구청장은 다산 정약용 선생이 말하고 있는 전형적인 목민관이다.
다산 선생이 말하고 있는 '목민(牧民)'이란 백성을 기른다는 뜻이고, '목민관'이란 백성을 가장 가까이에서 다스리는 고을의 수령을 뜻한다.

다산 정약용은 목민관의 자세로 율기육조(律己六條)를 말하고 있는데,
제1조 몸가짐을 바르게 함
제2조 청렴한 마음가짐
제3조 가정을 잘 다스림

제4조 공무(公務)로 오는 이외의 객(客)은 막음
제5조 관재(官財)를 절약하여 씀
제6조 즐거운 마음으로 베풂이 그것이다.

슬하에 한 자녀도 없으니 무엇이 아쉬우랴. 그래서 동구민만 바라보고 정초에도 쓰레기 바구니 어깨 둘러메고 골목골목을 누비지 않았던가?
 잘하는 일이다.
 민선 8기에 도전할 상대를 보지 말고 다윗 왕이 하나님만 바라본 것처럼 동구민만 바라보기 바란다. 이솝우화에 나오는 토끼가 거북이와의 경주에서 진 것도 상대인 거북이만 바라보았기 때문이다. 그러나 거북이는 토끼를 바라보지 않고 목표물만 바라보고 달렸던 것이다.

황인호 청장의 목표는 '동구민들의 행복한 삶'이라고 했다.
 그래서 현명한 동구민들이 그대를 선택했던 것이고, 재선, 3선도 그대를 버리지 않을 것이다. 그러니 오복의 복주머니 완성하는 일에 최선을 다하기 바란다.

필자가 대전에 수십 년 살아오는 동안 동구의 미래가 이렇게 희망적인 때가 없었다. 보라, 동구에 조용히 번지고 있는 천지개벽을 식장산에서 떠오르는 밝은 태양이 비추고 있지 않는가?

김용복 / 예술평론가·칼럼니스트

목차 •

서문 | 초심 황인호 • 02
추천사 | 김용복 예술평론가·칼럼니스트 • 06

1부 • 신문에 난 Positives

잃어버린 동구 영광·자존심 탈환할 것 • 16
대전역세권 개발이 동구변화 출발점 • 19
무소뿔처럼 새로운 시작…서민의 편에 서서 일할 것 • 22
스토리가 있는 관광동구 조성 총력 • 25
일로 기억되는 구청장이 되겠다! • 28
발로 뛰는 행정으로 동구 영광 되찾겠다 • 34
이젠 관광사업에 눈 돌릴 때 • 39
신바람 나는 도시 생활환경 조성 • 43
대전역세권 개발 통해 활력 넘치는 도시기능 회복 • 47
대전 방문의 해, 동구가 견인하겠다 • 53
세상에서 가장 으뜸으로 서다 • 59
세상에서 가장 으뜸(넘버원)으로 다가서다, 익사이팅 동구 • 66
코로나19 종식 최선… 동구 새로운 100년 성과 창출 • 74
대전 역세권 개발, 백년대계 초석될 것 • 84
대청호에 번지는 동구 주민들의 단합된 마음 • 91
민선7기 '동구 오복(五福)' 다음 목표는 부자 동구 • 94

2부 · 위기 상황에서 빛나는 리더 상(像)

다가오는 새해, 비욘드(beyond) 코로나를 기대하며 · 100
공직자의 바른길은 '청렴'이다 · 103
동구의 '적극행정' 주민들의 희망이 되다 · 107
황청장의 여명정담(黎明情談)과 상담톡·행복톡 · 110
위기 속 빛난, 새로운 '함께'의 동구 · 113
청렴사회로 가는 길 · 116
빼앗긴 일상에 '봄'은 온다 · 118
코로나 속 관광 동구의 '고군분투' · 121
각박한 세상 따뜻한 사업, 주민들이 만들어가는 '관광두레' · 124
민선7기 동구, "행복의 파랑새를 찾아서" · 127
코로나 시대 소확행 관광정책 · 130
철도로 이어진 대전의 역사 · 133
지방자치시대, 새로운 동구의 르네상스를 준비하다 · 137
대전역에서 출발하는 희망 실은 열차 · 141
포스트 코로나19, 야간 관광으로 동구의 잠을 깨우자! · 144
평범한 우리가 영웅이 되는 법 · 147
3.16 인동 독립만세운동의 역사적 가치를 되새기며 · 150
제주 4.3사건과 동구 산내평화공원 · 154
신속집행은 서민들의 버팀목이다 · 157
'코로나19'와 '기생충' · 160

3부 · 관광문화 정책을 천지개벽의 매개체로

문화경쟁력을 관광경쟁력으로… · 164
'따스함이 있는 동구 맛집' · 168
사람 사는 세상, 동구 축제로 힐링 되셨기를… · 171
떠나자, 대청호 오백리 길로… · 174
언택트 관광 1번지, 동구 · 178
우리 동구에 찾아온 오복(五福) · 181
낙엽을 밟으며, 우암을 만나다 · 184
동구4경, 상소 산림욕장에서 캠핑하는 하룻밤 · 187
중앙시장(동구7경), 대전역(동구8경)은 도약의 재시동 중 · 190
동구 제4경, 만인산자연휴양림의 가을 향기 속으로 · 193
베이스볼 드림파크 중간 용역결과 환영 · 196
엄마 걱정, 엄마 생각 · 198
아낌없이 주는 나무를 위해 · 202
여전(如前)할 것인가, 역전(逆轉)할 것인가 · 205
대동천 르네상스로 지역의 활력을 · 208
2월의 단상 · 211
3.16 인동장터 만세운동을 기념하며 · 213

4부 · 원도심 부활의 꿈이 실현되다

나의 꿈, 'AGAIN 1992' • 218
모두가 행복한 "동구"를 꿈꾸며 • 221
살기 좋은 동구, 돈이 모이는 돈구 • 225
대전혁신도시, 대전의 균형발전이 곧 국가의 균형발전! • 228
대전의료원 설립, 의료 선진국으로 가는 길 • 231
대전 동구 쪽방촌 도시재생사업 추진으로 대전 원도심 활성화 발판 마련 • 234
5.18을 맞는 우리의 자세 • 238
국토부 '주거재생 혁신지구 후보지' 선정 쾌거는? • 241
심상치 않은 변화, "원도심 부활의 꿈"이 실현되다! • 244
변화와 함께한 3년, 동구의 자랑이 되다 • 247
누구나 즐길 수 있는 동구의 '열린 관광지' • 250
슈퍼 복지예산과 지방정부의 과제 • 252
긴 역사를 간직한 동구의 발전을 꿈꾸며 • 255
대전동구주거환경개선사업의조속한추진으로대전의중심구로의도약기대 • 259
나눔 냉장고와 빨래방, 그곳에 봉사하는 위대한 영웅들 • 261
천동(泉洞)개벽 완성의 마지막 퍼즐… '천동중학교 설립' • 264

대전 동구에 부는 천지개벽

1부 신문에 난 Positives

언론기사

잃어버린 동구 영광·자존심 탈환할 것

부흥하려면 역세권 개발 필요 |
미래먹거리인 관광자원 육성 |
성과로 평가받는 구청장 노력 |

민선 7기 취임한 황인호 대전 동구청장은 잃어버린 동구의 영광과 자존심을 되찾는 데 주력하겠다고 말했다.

대전 동구는 교통의 요충지이자 1905년 경부선철도가 개통되면서 대전의 모태도시로 불리었던 곳이다. 현재는 둔산 신도시로 공공기관, 상업시설 등이 이전·신설되면서 단순히 기관이나 시설 뿐 아니라 사람들마저 떠나가는 실정이다. 황 청장은 20년간 내리 5선 동구의원과 대전시의회원 등을 역임하면서 동구의 이러한 부침(浮沈)을 누구보다 옆에서 지

켜봐왔던 터다. 그는 "지금 동구는 해야 할 일도 많고 살펴야 할 일도 많다. 서민의 삶은 여전히 고단하다. 잃어버린 동구의 영광과 자존심을 되찾겠다. 무엇보다 낙후된 동구를 살리는데 많은 땀을 흘릴 각오가 돼 있다. 20년간 시·구 지방의원의 의정을 역임하며 준비하고 꿈꿔왔던 동구의 발전적 미래를 위한 청사진을 현실로 펼쳐보이고자 한다."고 말했다.

황 청장은 동구가 부흥하려면 대전의 관문인 대전역 주변, 역세권이 살아나야 한다고 보고 있다. 그는 재임 기간 대전 역세권 개발의 핵심인 복합2구역개발에 모든 행정력과 정치력을 집중한다는 계획이다. 이 구역은 순수한 민자 개발 부지 1만 5,000평에 대전시가 기부채납을 받아 자체 개발할 BRT 환승센터 부지 4,000평을 합쳐 약 2만여 평에 달한다. 올해 민자공모를 추진해 늦어도 내년 상반기 중 착공을 목표로 답보된 역세권 개발을 시작하겠다는 것이 황 청장의 그림이다. 그는 "이곳에 대전 랜드마크가 될 53층 규모의 업무용 마천루 건물을 세워 주거·상업·업무·숙박·문화기능 등 많은 경제적 효과가 발생할 수 있을 것으로 보고 있다."고 말했다.

황 청장이 중점을 두는 또 한가지 축은 동구의 미래 먹거리인 관광자원을 육성하는 것이다. 그간 통계에서 보듯 한 해 대전을 방문하는 내국인은 약 500만명 가량으로 추산되지만 이중 동구를 찾는 이는 전체의 약 1.12%인 5만명도 채 안된다. 터미널을 갖추고 있음에도 모든 관광객들이 동구를 빗겨나가는 이른바 동구 패싱(Passing) 현상이 빚어지고 있다. 황 청장은 동구가 갖고 있는 천혜의 자연환경에서 해답을 찾아나가고 있다. 동구는 식장산, 계족산, 대청호 등의 관광자원과 우암사적공원, 이사동 한옥마을 같은 풍부한 문화자원을 갖추고 있다. 그는 대전의 명산 식장산에 대한민국 1호 숲 정원을 차질없이 조성하고 도시철도 1호선 식장산 철도역을 신설해 관광객들의 접근성도 높이겠다는 복안이다. 또 식장산~회인선 벚꽃길~청남대를 연결하는 관광벨트를 조성해 자연과 역사가 어우러지는 테마여행지로 만들겠다는 방안을 제시했다.

황 청장은 자신의 이름 석 자를 남기는데 연연하지 않겠다고 했다. 그는 "황인호라는 이름 석 자 보다는 일로써 보람을 찾고 성과로 평가받는 구청장이 되겠다. 삼포세대 젊은이들의 고민은 가슴에 담고 어르신의 외로움은 가슴에 품겠다. 주민의 목소리는 늘 가슴에 새기겠다. 더욱 진실하고 진정성 있는 자세로 '하심(下心)'을 갖고 겸손하게 열심히 일 하겠다."고 말했다.

충청투데이 2018년 7월 11일(수) 정치4면
[홍서윤 기자 classic@cctoday.co.kr]

대전역세권 개발이 동구변화 출발점
자연 역사·자원 활용 "머무는 도시로 전환"

"대전시의 관문인 대전역과 동구의 자연·역사 등 자원을 활용해 유동 인구를 체류형으로 바꾼다면 동구는 관광문화도시로 거듭날 수 있을 것입니다."

대전 동구청장의 민선 7기 비전이다. 황 동구청장은 20년간 기초의원과 광역의원을 거쳤다. 이번 지방선거에선 자유한국당 후보와 현직 구청장이었던 바른미래당 후보와 치열한 3파전을 치러 승리했다.

황 동구청장의 목표는 동구의 변화다. 대전 동구는 대전역이 위치한 대전시의 모태도시다. 동구에서 시작한 대전시는 현재 150만 광역시로 성장했지만 동구는 그 사이 원도심으로 전락했다. 최근엔 신청사

건립으로 발생한 빚을 갚기 위해 수년간 허리띠를 졸라매야 했다. 변화보다는 현재를 버텨야 하는 처지였던 셈이다.

황인호 구청장은 "동구 변화의 핵심은 대전역세권 개발"이라고 단언한다. 황 동구청장은 "대전시의 관문인 대전역은 하루 유동인구만 5만명이지만 지나칠 뿐 머물지 않고 있다."며 "대전역 주변과 인근 중앙시장이 변화한다면 동구변화의 출발점이 될 것."이라고 말했다.

황 동구청장의 대전역 개발은 크게 두 방향이다.

우선 호국 철도박물관, 컨벤션, 종합민원센터 등을 대전 역세권에 조성할 계획이다. 이를 통해 볼거리 등을 제공, 유동인구를 머물게 하겠다는 설명이다. 특히 한국 전쟁 당시 포로가 된 미국 딘 소장을 구출하다 순직한 고 김재현 기관사의 이야기를 주요한 모티브로 삼을 예정이다.

또 하나의 방향은 젊은이들과 예술인들이 중심이 돼 거주하는 대전역세권이다. 젊은 예술인들과 함께 추진하고 있는 쪽방촌과 철공소 거리를 활용한 문화예술의 거리 조성, 젊은이들이 거주할 수 있는 드림하우스 건설 등이 주요 과제다. 낙후한 인근 지역의 주거환경개선사업도 추진한다.

황 구청장은 "이를 위해 역세권 개발 담당 부서를 만들 계획"이라며 "동구만이 아니라 같은 이해를 가지고 있는 대전시, 코레일과 함께 특별팀(T/F)를 구성할 예정"이라고 말했다.

동구는 이사동 한옥마을, 우암사적공원 등 유교문화가 살아있는 역사유적과 대청호 식장산 등으로 대표되는 자연이 공존하는 도시다. 이사동은 외국학자들도 놀라는 1,000여기 민묘군이 위치한 장묘문화가 고스란히 보존된 지역이다. 대청호 벚꽃길은 전국에서 가장 긴 26km다. 식장산은 '대한민국 1호 숲정원'이 조성된다. 황인호 동구청장은 "동구는 관광문화도시로 클 수 있는 좋은 조건을 두루 갖추고 있다."며 "대도시 속의 스쳐가는 지자체가 아니라 머무는 관광문화 지자체로 탈바꿈할 것"이라고 말했다.

석간 내일신문 2018년 7월 13일(금) 행정4면
[대전 윤여운 기자 yuyoon@naeil.com]

무소뿔처럼 새로운 시작…
서민의 편에 서서 일할 것

6대 분야 50개 공약 제시 "지방의원 시절 계획 실현"
안전하고 삶이 쾌적한 동구, 더불어 행복한 나눔과 복지

"동구의 새로운 시작을 위해 무소뿔처럼 열심히 뛰겠다."는 황인호 대전 동구청장이 'Exciting 동구, 6개 분야 50개 공약'을 내놨다. 황인호 구청장은 "20년간 시·구의원 시절 꿈꿔온 동구 발전을 위한 청사진을 이제는 현실로 펼치겠다."며 "잃어버린 동구의 영광과 자존심을 되찾고 무엇보다 낙후된 동구를 살리는데 많은 땀을 흘리겠다."고 말했다.

황 구청장은 특히 "하심(下心)으로 항상 서민의 편이 되겠다."며 "삼포세대 젊은이들의 고민을 가슴에 담고 어르신의 외로움을 마음에 품겠다."고 했다. "열린 마음으로 소통하고 구정운영은 공정하게 시대요구에 응답하는 혁신을 통해 새로운 동구시대를 활짝 열고 새바람 부는 동구, 신바람 나는 동구민을 위한 6대 선거공약을 착실히 이행해 나가겠습니다."

황 청장의 민선 7기 'Exciting 동구, 6개 분야 50개 공약'은 새로운 로드맵으로 대전역세권, 동북권, 동남권의 3개 권역별 개발계획 구상이며 ▲새바람 부는 풍요로운 경제 ▲신바람 나는 도시생활 환경 ▲더불어 행복한 나눔과 복지 ▲안전하고 삶이 쾌적한 동구 ▲미래의 꿈과 희망의 사다리교육 ▲자연 그리고 전통과 문화가 빛나는 동구로 23만 구민들이 직접 피부로 느낄 수 있는 실질적인 공약이다.

황 청장은 "먼저 동구의 천혜의 자원 식장산과 대청호를 연계한 관광개발을 위한 식장산 명품화, 철도역 신설, 청남대 연결 관광벨트 조성 등으로 대전의 명소로 재조명한다."며 "대전의 모태도시로 성장해 동구의 대전역 인근 역세권 개발을 위해 대전역사 내 종합민원센터. 공영특수법인, 컨벤션, 전시장, 지식산업센터와 벤처기업 유치 등을 통해 지역 발전의 핵을 이뤄내겠다."고 강조했다. 또 그는 "청년, 경력단절여성·장애인, 어르신 일자리 확대, 경제, 교육, 문화, 예술, 도농복합지역 등의 새로운 동구 의 가치를 높이는데 최선을 다 하겠다." 며 "남북 세계평화시대의 개막으로 대전→평양→유럽 세계철도가 달리는 철도산업의 메카로 부상되는 대전역세권이 동구경제의 핵심 역할을 다할 것"이라고 했다.

동구는 지형적으로 식장산, 계족산, 만인산으로 둘러싸여있고 대동천, 대전천이 위치해 지리적으로는 금산, 옥천, 영동 등이 근접되어 경부선 철도, 고속도로 등 교통의 요충지다. 1905년 경부선 철도가 개통되면서 대전의 모태도시로 발전했으나 1983년부터 건설된 둔산신도시로 공공기관, 상업시설, 업무시설 등이 이전, 신설되면서 동서격차, 도심슬럼화 현상이 심각한 상황으로 원도심지역의 도시재생이란 큰 명제 하에 주거환경, 재개발·재건축, 도시기반시설 등이 점차적으로 확충되고 있는 상황이라는 것.

황 청장은 "이제는 대전역세권 개발이 절실히 필요한 시점으로 우리 동구의 명운이 걸려 있다고 해도 과언이 아닐 것"이라며 말을 이어갔다. '동구의 천혜자원인 식장산과 대청호에 대해 그는 "최근 전국 단위의 관광객들로부터 호평을 받고 있는 곳으로 해발 598m의 식장산은 세천유원지부터 시작되는 등산코스는 새소리, 물소리, 바람소리와 함께 각종 희귀식물이 정상에 다다를 때까지 끊이지 않는 힐링 최적지로 각광받고 있다."고 자랑하기도 했다.

앞으로 황 청장은 "대한민국 1호 식장산 숲정원 명품화와 도시철도 1호선 '식장산 철도역'의 신설로 볼거리, 즐길 거리를 제공하고 대중교통을 이용한 접근성 확보로 많은 관광객 유치할 수 있는 기반 조성을 하겠다."며 "또 식장산-회인선 벚꽃길-대청호를 연결하는 관광벨트 조성해 자연과 역사가 어우러지는 테마 여행의 최적지로 개발하겠다."고 말했다.

끝으로 황인호 동구청장은 "어두운 곳에서 소외받는 이웃이 없도록 항상 곁에서 살피고 보듬는 구민을 사랑하는 구청장, 일로써 보람을 찾고 성과로 평가받으며 동구 부흥의 신화를 새로 쓰는 구청장이 되겠다."고 다짐했다.

천지일보 2018년 7월 13·14일(금·토)
[김지현 기자 kjh@newsci.com]

스토리가 있는 관광동구 조성 총력

대전역세권 개발 의료원 건립 총력 약속

황인호 대전 동구청장이 '관광동구 조성'을 약속했다.

또 대전역세권 개발, 대전의료원 건립에도 최선을 다하겠다는 뜻을 밝혔다.

대전시티저널과 가진 인터뷰를 통해서다.

황 청장은 '초선 구청장으로 가장 역점을 두는 사업'을 묻는 질문에, '관광동구 조성'을 제시했다.

그는 "동구는 대청호와 식장산의 천혜 자연생태 자원을 보유한 역사와 전통을 자랑하는 대전의 모태"라며 "대전의 관문인 대전역, 용전복합터미널, 고속도로 IC 등 교통의 편리성 또한 우수한 지역"이라고 관광동구 조성의 배경을 설명했다.

이어 황 청장은 "이러한 생태자원, 교통여건의 장점을 최대로 활용한 미래 먹거리 발굴이 중요하다."며 "관광동구 조성을 역점사업이자 현안사업의 우선순위를 꼽는다."고 밝혔다.

황 청장이 꿈꾸는 관광동구는 스토리가 흐르는 명품도시 조성을 골자로 한다.

기존에 산재돼 있는 관광자원을 하나의 스토리텔링화해 체류형 관광도시로 조성하겠다는 것.

황 청장은 대전 발전의 기폭제가 됐던 철도관련 시설물, 철도변천과정, 역사 등을 호국철도로 부각해 현재와 미래가 공존하는 관광프로젝트를 개발할 계획이다.

세부적으로 보면 대한민국 1호 식장산 숲정원 조성, 세천역 신설 등과 회인선 벚꽃길 26.6km 연계한 벨트가 관광동구의 중심이다.

이와 함께 대전역 철도박물관 유치, 호국철도 역사공원 조성, 산내 골령골 추모공원 조성 등을 통해 6·25 전쟁을 스토리화하고, ▲우암사적공원의 인문학 메카로 조성하고 ▲이사동 한옥마을의 세계적 유적지 승화 등을 추진할 계획이다.

황 청장은 다양한 지역 현안 사업에 대한 구상도 밝혔다.

그는 "무엇보다 대전 역세권 개발이 중요하다."면서 "복합2구역의 민자유치는 기업이 참여할 수 있는 획기적인 투자매력도가 중요한 것 같다."고 피력했다.

또 "주민의 삶이 행복해지기 위해 지역경제 활성화와 전통시장 활력을 위해 노력할 계획"이라며 "복지사각지대 해소에도 중점을 두겠다."고 밝혔다.

그러면서 황 청장은 "용운동 선량마을에 입지 예정인 대전의료원 건립이 차질 없이 진행되도록 해 구민의 의료 복지를 위해 힘쓰겠다."며 "6·25 전쟁과 대전역, 한국과 미국의 관계, 호국철도와 동구 미래 비전을 담은 호국영화제작에도 관심을 갖고 적극적으로 소재를 발굴해 대내외적인 경쟁력을 갖추는데 만전을 기하겠다."고 다짐했다.

황 청장은 '이름보다 일'이 기억에 남는 청장이 되겠다는 의지도 내비쳤다.

그는 "구민들은 지난 선거를 통해 새로운 동구에 대한 열망을 보여줬다."며 "기대와 성원에 부응해 낙후된 동구에 새로운 변화의 바람을 불러일으키겠다. 이름 석 자 보다 제가 한 일이 더 오래 기억되는 구청장이 되겠다."고 목소리를 높였다.

이어 "20년간 시·구 지방의원의 의정활동으로 준비하고 꿈꿔왔던 동구의 발전적 미래를 위한 청사진을 현실화 하겠다."며 "비록 서민의 삶은 여전히 고단하고 동구 발전을 위해서는 나아가야 할 일도 많지만, 구청장이 먼저 발로 뛰며 잃어버린 동구의 영광과 자존심을 되찾겠다."고 강조했다.

대전 시티저널 2018년 8월 6일(월)
[성희제 기자 news@gocj.net]

일로 기억되는 구청장이 되겠다!

"대전이 살 길은 관광자원 육성이며 특히 5개의 구중에 동구가 관광자원·생태자원이 제일 많다."

관광 동구를 추진하고 있는 황인호 동구청장은 "대전은 관광 산업이 많이 취약하고 그동안 신경을 많이 쓰지 못했다."며 "대전의 미래 먹거리 창출을 위해서 동구가 관광사업의 선도적인 역할을 하겠다."고 강조했다.

이어 "대전 동구가 갖고 있는 전국에서 유일하고 단 하나의 것을 발굴해 관광으로 접목시킬 계획"이라며 "그 첫 번째로 회인선 벚꽃길에서 하고 있는 마라톤을 확대해서 벚꽃 풀코스 마라톤 축제를 추진할 예정"이라고 말했다. 또한 "동구가 갖고 있는 역사를 스토리화해서 6.25전쟁과 대전역, 한국과 미국의 관계, 호국철도와 동구 미래 비전을 담은 호국영화제작 등에 관심을 갖고 소재 발굴을 통해 머물고 가는 관광도시로 조성하겠다."고 밝혔다.

마지막으로 황인호 동구청장은 "낙후된 동구에 새로운 변화의 바람을 일으키겠다."며 "이름 석 자 보다 제가 한 일이 더 오래 기억되는 구청장이 되겠다."고 포부를 밝혔다.

황인호 동구청장과 일문일답

- 민선 7기 대전 동구청장 취임 후 한 달이 넘었다. 소감이 어떤지?

먼저 저를 동구청장으로 선택해주신 23만 동구민 여러분께 감사의 말씀을 드립니다. 새로운 변화를 갈망하는 구민들의 열망을 가슴 깊이 새기면서 새로운 시작을 위해 무소의 뿔처럼 열심히 뛰겠습니다. 구의원과 시의원으로 20년 동안 구정에 몸담아오면서 무엇보다 현장에서 주민들의 편에서 일을 해왔던 부분을 인정해 주셨고 그동안 쌓인 노하우를 활용해서 주민 여러분들을 위해 일해 달라는 뜻으로 알고 더 열심히 구청장직을 수행하겠습니다.

7월 1일부터 지난 한 달 동안 구정 살피기에 동분서주 달려왔습니다. 임기 시작과 함께 태풍 대비 안전 점검차 민생현장을 둘러봤고, 중앙부서와 국회 정치권 인사들을 만나 지역 현안 설명과 함께 국비 지원 요청 및 향후 초당적인 협력을 약속받는 성과도 이뤘습니다. 동구 발전의 큰 기로에 서 있는 현 시점에서, '더 이상 늦어서는 안 된다.'는 절박한 심정으로 발로 먼저 뛰는 구청장이 되겠습니다.

- 초선 구청장으로 각오는?

현재 동구는 발전을 향해 가는 일대 기로에 서 있습니다. 한때 대전 상권의 중심이자 모태도시였던 동구는 예전의 명성을 되찾기 위해 해야 할 일이 많습니다.

저는 동구 삼성동에서만 60년을 살아왔고 바로 이곳 동구에서 지역민들께서 믿고 맡겨주신 덕택에 구의원과 시의원을 내리 5선을 했고 동구의회 의장과 시의회 부의장을 역임하면서 동구 발전을 위해 많은 노력을 기울이면서 많은 성과를 거두기도 했습니다.

그러나 한편으로는 집행부의 수장이 돼서 동구를 발전시키겠다는 꿈을 갖고 있었는데 동구민 여러분께서 성원해주셔서 꿈을 이루게 되었습니다. 제게 주어진 값진 기회를 살려서 동구가 전국에서 최고의 지자체로 발돋움 하는 시대를 열어갈 생각입니다.

하심의 마음으로 항상 서민의 편이 되겠습니다. 젊은이의 고민, 어르신의 외로움, 주민의 목소리, 늘 가슴에 담고 품고 새기겠습니다. 더욱

진실하고 진정성 있는 자세로 동구 발전의 힘이 되겠습니다.

- 구청장으로 가장 역점에 두는 것이 있다면?

먼저, 우리 동구는 대청호와 식장산의 천혜 자연생태자원을 보유한 역사와 전통을 자랑하는 대전의 모태도시입니다. 또한 대전의 관문인 대전역, 용전복합터미널, 고속도로 IC 등 교통의 편리성 또한 우수한 지역이다.

이러한 생태자원, 교통여건의 장점을 최대한 활용한 23만 구민들의 새로의 가치를 찾아 미래의 먹거리 발굴사업으로 관광동구 조성이 역점사업이자 현안사업으로 우선순위를 꼽는다.

기존에 산재되어 있는 관광자원을 하나의 스토리텔링화를 통해 왔다가는 곳, 드라이브 코스가 아닌 머물고 가는 관광도시로 조성하는 것이 최대의 관건으로 생각한다.

대전은 경부선 철도가 개통되면서 주거, 상업, 행정기능들이 집중되면서 지금의 인구 150만의 광역시로 발전할 수 있었던 만큼 철도관련 시설물, 철도변천과정, 역사 등을 호국철도로 부각하여 현재와 미래를 생각하는 테마가 있는 관광프로젝트 개발할 계획이다.

우선 식장산에는 대한민국 1호 식장산 숲정원 조성, 세천역 신설 등과 회인선 벚꽃길(26.6Km)과 연계한다.

대전역에는 철도박물관 유치, 호국철도 역사공원, 철도모형물 설치 등과 산내 골령골 추모공원 조성으로 6.25전쟁과 미국과 UN연합군의 대전지구전투 스토리화, 또한 우암사적공원 인문학 메카 조성, 이사동 한옥마을의 세계적인 유물, 유적지로의 승화사업 등을 대표적으로 들 수 있다.

- 지역 현안 사업에는 어떤 것이 있고, 구청장으로 어떤 역할을 할 것인지?

동구는 교통의 요충지로 1905년 경부선철도가 개통되면서 대전의 모태도시로 발전하였으나 둔산 신도시 개발로 공공기관, 상업시설, 업무시설 등이 이전·신설 되면서 동서격차, 도심 슬럼화 현상이 심각한 상황이다.

무엇보다도 대전역세권 개발이 중요하다. 지난 7월 18일 대전 시장, 상인회장단, 코레일 사장과 함께 대전역세권개발 상생협력 협약도 같은 의미의 맥락이다. 복합2구역의 민자유치는 기업이 참여할 수 있는 획기적인 투자매력도가 중요한 것 같다.

우리 구에서도 역사 내 종합민원센터, 공영특수법인 설치, 지식산업센터, 벤처기업 유치 등 개발에 필요한 선도적인 환경과 역량제고에 집중할 방침이다.

또한, 지역의 도시재생이란 큰 명제 하에 주거환경개선사업, 재개발·재건축, 도시기반시설 등을 활성화시켜 동구 부흥의 신화를 새로 쓰고자 한다.

주민의 삶이 행복해지기 위해 지역경제 활성화와 전통시장 활력을 위해 노력할 계획이며 복지사각지대 해소에도 중점을 두겠습니다. 용운동 선량마을에 입지 예정인 대전의료원 건립이 차질 없이 진행되도록 하여 구민의 의료 복지를 위해 힘쓰겠다.

또한, 6.25전쟁과 대전역, 한국과 미국의 관계, 호국철도와 동구 미래비전을 담은 호국영화제작에도 관심을 갖고 적극적으로 소재를 발굴해 대내외적인 경쟁력을 갖추는데도 만전을 기한다.

- 마지막으로 지역민에게 하고 싶은 말씀은?

구민들은 지난 선거를 통해 새로운 동구에 대한 열망을 보여 주셨습니다. 그러한 기대와 성원에 부응하여 낙후된 동구에 새로운 변화의 바람을 불러일으키겠습니다. 이름 석 자 보다 제가 한 일이 더 오래 기억되는 구청장이 되겠습니다.

20년간 시·구 지방의원의 의정활동으로 준비하고 꿈꿔왔던 동구의 발전적 미래를 위한 청사진을 현실화 하겠습니다. 비록 아직 서민의 삶은 여전히 고단하고, 동구 발전을 위해서는 나아가야 할 일도 많지만, 구청장이 먼저 발로 뛰며 잃어버린 동구의 영광과 자존심을 되찾겠습니다.

사랑하는 23만 구민 여러분! 800여 동구청 공직자와 함께 새롭게 변화하는 동구 건설을 통해 23만 구민들의 삶에 신바람을 불러일으키겠습니다. 사랑합니다. 건강하십시오.

대전타임뉴스 2018년 8월 26일
[홍대인 기자]

발로 뛰는 행정으로 동구 영광 되찾겠다

민선 7기가 첫 발을 뗀지 벌써 두 달이 지났다.
그동안 대전 지역 기초단체장들은 민생 챙기기에 여념이 없다.
이 시점에서 슬슬 민선 7기의 밑그림이 나왔을 터. 9월을 목전에 두고 그들의 정책 구상이나 각오를 들어본다.

황인호 대전 동구청장이 동구 재건을 약속했다.

황인호 청장은 본보 인터뷰를 통해 "한때 대전 상권의 중심이자 모태도시였던 동구는 예전의 명성을 되찾기 위해 해야 할 일이 많다."고 했다.

이에 황 청장은 관광도시 동구를 강조했다.

그는 "생태자원, 교통여건의 장점을 살려 지역 먹거리 사업을 발굴하겠다."며 "기존에 산재돼 있는 관광자원을 하나의 스토리텔링화해 단순한 드라이브 코스가 아닌 머물고 가는 관광도시로 조성하는 게 최대 관건"이라고 강조했다.

다음은 인터뷰 전문

- 민선 7기 대전 동구청장 취임한 지 두 달이 다 돼간다.

지난달 1일부터 지난 두 달 가까이 구정 살피기에 동분서주 달려왔다.

임기 시작과 함께 태풍 대비 안전 점검 차 민생현장을 둘러봤고, 중앙부서와 국회 정치권 인사들을 만나 지역 현안 설명과 함께 국비 지원 요청을 했다. '더 이상 늦어서는 안 된다.'는 절박한 심정으로 발로 뛰었다.

- 초선 구청장이다.
각오가 남다를 텐데?

현 동구는 발전을 향해 가는 일대 기로에 서 있다. 한때 대전 상권의 중심이자 모태도시였던 동구는 예전의 명성을 되찾기 위해 해야 할 일이 많다.

동구청에서 열린 직원만남의 날 행사에서의 황인호 동구청장 모습.[사진 동구 제공]

저는 동구 삼성동에서만 60년을 살아왔고 이곳에서 지역민들께서 믿고 맡겨주신 덕분에 구의원과 시의원을 내리 5선을 했다. 동구의회 의장과 시의회 부의장을 역임하면서 동구 발전을 위해 많은 노력을 기울이면서 많은 성과를 거두기도 했다.

한편으로는 집행부의 수장이 돼서 동구를 발전시키겠다는 꿈을 갖고 있었는데 동구민 여러분께서 성원해주셔서 꿈을 이루게 됐습니다. 제게 주어진 값진 기회를 살려서 동구가 전국에서 최고의 지방자치단체로 발돋움 하는 시대를 열어갈 생각이다.

- 가장 역점에 두는 사업이 있다면?

우리 동구는 대청호와 식장산의 천혜 자연생태자원을 보유한 대전의 모태도시다. 또 대전의 관문인 대전역, 용전복합터미널, 고속도로 IC 등 교통의 편리성도 우수한 지역이다. 이런 생태자원, 교통여건의 장점을 살려 지역의 먹거리 사업을 발굴하겠다.

주간업무보고회의를 주재하는 황인호 청장

기존에 산재돼 있는 관광자원을 하나의 스토리텔링화해 단순한 드라이브 코스가 아닌 머물고 가는 관광도시로 조성하는 게 최대 관건이다. 철도관련 시설물, 철도변천과정, 역사 등을 호국철도로 부각해 현재와 미래를 생각하는 테마가 있는 관광프로젝트 개발할 계획이다.

식장산에는 대한민국 1호 식장산 숲정원, 세천역 신설 등이 있고

식장산 전망대 현장 점검에 나선 황인호 청장

이를 회인선 벚꽃길 (26.6 km)과 연계할 예정이다.

대전역에는 철도박물관 유치하거나 호국철도 역사공원, 철도모형물 조성하겠다. 또 산내 골령골 추모공원 조성으로 6.25전쟁과 미국과 UN연합군의 대전지구전투 스토리화해 관광객들의 눈길을 끌겠다. 이외에도 우암사적공원 인문학 메카 조성, 이사동 한옥마을의 세계적인 유물, 유적지로의 승화사업 등을 추진하겠다.

- 지역 현안 사업에는 어떤 것이 있나?

한 때 대전의 중심인 동구는 둔산 신도시 개발로 동서격차, 도심 슬럼화 현상을 겪고 있다.

무엇보다도 대전역세권 개발이 중요하다. 지난 달 대전 시장, 상인 회장단, 코레일 사장과 함께 대전역세권개발 상생협력 협약도 같은 의미의 맥락이다. 복합 2구역의 민자유치는 기업이 참여할 수 있는 획기적인 투자매력도가

태풍 현장 점검에 나선 황인호 청장

중요한 것 같다.

동구에서도 역사 내 종합민원센터, 공영특수법인 설치, 지식산업센터, 벤처기업 유치 등 개발에 필요한 선도적인 환경과 역량제고에 행정력을 집중할 방침이다.

또 주거환경개선사업, 재개발·재건축, 도시기반시설 등을 활성화시키고자 한다.

용운동 선량마을에 입지 예정인 대전의료원 건립이 차질 없이 진행되도록 해 구민 의료복지를 위해 힘쓰겠다.

- 마지막으로 구민에게 하고 싶은 말은?

제 이름 석 자 보다 제가 한 일이 더 오래 기억되는 구청장이 되겠다. 20년간 시·구 지방의원의 의정활동으로 준비하고 꿈꿔왔던 동구의 발전적 미래를 위한 청사진을 현실화 하겠다.

비록 아직 서민의 삶은 여전히 고단하고, 동구 발전을 위해서는 나아가야 할 일도 많지만, 구청장이 먼저 발로 뛰며 잃어버린 동구의 영광과 자존심을 되찾겠다.

굿모닝충청 2018년 8월 29일
[이정민 기자]

이젠 관광사업에 눈 돌릴 때

"대청호에 26.6km의 벚꽃길이 있는데 단 한 번도 벚꽃축제를 열지 않았어요. 이곳에서 내년 4월 벚꽃축제와 함께 마라톤대회도 펼칠 방침입니다. 벚꽃이 흐드러지게 핀 대청호반을 달리는 마라톤대회인 것이지요."

황인호 동구청장이 미디어대전과 인터뷰를 하고 있다.

황인호 동구청장은 최근 미디어대전과 가진 인터뷰 자리에서 내년 4월 대청호반에서 개최할 벚꽃축제와 마라톤대회를 설명했다.

황인호 동구청장은 "대전만 보더라도 리베라, 아드리아 다 무너졌다. 그동안 관광산업을 백안시해온 결과물"이라며 "이젠 관광산업에 눈을 돌려 관광인구를 더 많이 끌어들여야 한다."고 강조했다.

다음은 황인호 동구청장과 나눈 인터뷰 일문일답 내용이다.

- 취임 2개월이 됐다. 소감은?

시의원과 구의원으로 일하면서 집행부에 여러 가지 건의를 했지만 받아들여지지 않아 안타까움을 느낀 적이 많았다. 그런 이유로 언젠가는 집행부의 수장이 돼 동구를 발전시켜야겠다는 꿈을 갖고 있었는데 동구민께서 성원해주셔서 꿈을 이루게 됐다.

초선 구청장으로서 추진력과 패기, 지난 20년간의 구정활동으로 얻은 노하우, 그리고 동구에서 일생을 살아온 경험을 갖고 제게 주어진 기회를 잘 살려 동구가 전국에서 최고의 지자체로 발돋움하는 시대를 열어갈 생각이다.

- 취임 전에 전혀 생각하지 못했던 것이 있다면?

제일 큰 것은 먹거리 준비가 전혀 안 돼있다는 점이다. 예산 자체만을 갖고 살림살이를 했던 현실에 비춰 '이것은 살림이 아니다.'라는 생각이 들더라. 전국의 지방자치 방식이 대다수 세금으로 행정을 어떻게 끌고 갈 것인가에 고착돼 있다. 그러나 이젠 방향을 바꿔야 한다.

- 어떤 것을 어떻게 바꿔야 한다는 것인가?

대전만 보더라도 리베라, 아드리아 다 무너졌다. 그동안 관광산업을 백안시해온 결과물이다.

아파트 짓고 정주 인구 늘리는데 그동안 매진해왔다. 그러나 출산율도 크게 줄어들지 않았는가. 이젠 관광산업에 눈을 돌려 관광인구를 더 많이 끌어들여야 한다. 지난 7월 초에 국무총리와 함께 전국의 시도구청장 243명이 모여 국가 관광전략회의를 한 바 있다. 국가도 관광 산업을 소홀히 했으며 일만한 것이다. 준비가 안 돼 있다면 외국

관광객이 대전을 방문해도 소용이 없는 것이다.

- 관광과 동구를 어떻게 연결하겠다는 것인가?

동구의 관광 자원은 바로 대청호와 식장산 아니겠는가. 대청호는 국그릇, 식장산은 밥그릇으로 표현할 때 동구의 먹거리로는 충분하다. 대청호에 26.6km의 벚꽃길이 있다. 그러나 단 한 번도 벚꽃축제를 열지 않았다. 시민들의 눈을 즐겁게 할 풍부한 자원이 있건만 제대로 엮지 못한 것이다. 이곳에서 내년 4월 벚꽃축제와 함께 마라톤대회도 펼칠 방침이다. 벚꽃이 흐드러지게 핀 대청호반을 달리는 마라톤대회인 것이다. 이미지만을 머릿속에 그려봐도 다른 곳과 차별화되지 않는가.

- 동구의 역점사업이 관광인가?

대전의 관문인 대전역, 용전복합터미널, 고속도로 IC 등 교통의 편리성 또한 우수하다. 동구의 새로운 가치를 찾고 미래 먹거리 발굴을 위해 이러한 교통여건을 활용하는 한편 생태자원 등을 최대한 활용한 관광동구 조성을 역점적으로 추진할 계획이다. 대전은 경부선 철도 개통과 함께 주거, 상업, 행정기능들이 집중되면서 지금의 인구 150만의 광역시로 발전할 수 있었던 만큼, 철도관련 시설물, 철도변천과정, 역사 등을 호국철도로 부각해 현재와 미래를 잇는 관광테마 프로젝트로 개발할 계획이다.

식장산에 조성될 대한민국 1호 식장산 숲정원과 세천역 등을 전국 최장의 벚꽃길인 회인선과 연계해 자연을 한껏 느낄 수 있는 관광코스로 만들 것이다. 대전역에는 철도박물관 유치, 호국철도 역사공원 등으로 호국철도 관광메카로 조성하고, 산내 골령골 추모공원 조성으로 6.25전쟁과 미국과 UN연합군의 대전지구 전투를 더욱 알릴 것이다. 또한 우암사적공원을 인문학 메카로 발전시키고, 이사동 한옥마을의 세계적인 유물, 유적지로의 승화사업 등을 추진할 방침이다.

- 행정직제 개편도 있다던데?

돈벌이하는 동구를 만들기 위해 직제를 개편한다. 민자 외자를 유치하고 국비를 따오는 팀을 만들 방침이다. 돈을 만드는 전담팀이 만들어지는 것이다. 각종 공모사업도 많은 편인데 이를 위해서도 전문팀이 필요하다.

미디어대전 2018년 9월 4일
[박기성 기자 happydaym@hanmail.net]

신바람 나는 도시 생활환경 조성

민선 7기를 맞는 황인호 대전 동구청장은 새바람 부는 풍요로운 경제의 핵심은 바로 대전역세권 개발이라며 백년이 넘는 역사를 가진 도시로 도시 생활환경 개선은 무엇보다 시급한 과제로 식장산과 회인선 벚꽃길, 청남대를 연결하는 관광벨트를 만들어 신바람 나는 도시 생활환경을 조성하겠다고 강조했다.

이어 황인호 대전 동구청장은 "대전역이 가진 강점과 기회요인들은 베이스볼 드림파크 조성에 아주 매력적이라고 생각한다."며, "주민들의 염원을 모아 대전역 선상야구장이 유치될 수 있도록 더욱 노력 하겠다."며 최근 세계 최초의 대전역 선상 야구장 베이스볼 드림파크의 유치에 대한 의지를 다졌다.

　황인호 대전 동구청장은 지난 25일 2018 한국을 빛낸 자랑스런 한국인 대상 수상을 수상하는 한편 국민권익위가 선정한 공공기관 청렴도 우수기관으로 동구가 선정되게 하는데 큰 기여를 했다.

　황인호 청장은 평소 주민들과 지속적으로 소통하고 관광도시 조성을 통해 지역경제 발전을 이끌어 내고자 하는 노력들이 높은 평가를 받아 이 같은 쾌거를 거둔 것으로 평가됐다.

　황 청장은 대전 동구의회 6대 의장과 대전시의회 7대 부의장 등을 지내면서 우수조례상과 대한민국 의정대상, 대한민국 위민 의정대상을 수상하는 등 행정의 달인으로 꼽힌다.

　그는 취임초부터 현장 중심 열린 행정, 구민이 함께 하는 공정 행정, 미래를 여는 혁신 행정으로 구민 여러분께 드린 약속을 반드시 실현하여 재도약하는 동구, 새로운 가치의 동구를 만들어 나가겠다고 밝혔다.

　이 때문에 민선7기 출범 첫날에 대전 중앙시장, 대전천, 대동천 등 관내 주요현장에서 구정 살피기에 전념하며 적극적인 민생 행보에 나서 화제가 된 바 있다.

　당시 황인호 청장은 "민선 7기 첫날을 민생현장 살피기로 시작하면서 지역주민과 소통하고 지역경제 활성화의 의지를 구민과 소통할 수 있었다."며 "앞으로 4년간 낮은 자세로 구민을 섬기는 행정으로 '새로운 가치의 동구! 신바람 나는 동구민!'이라는 목표를 기필코 달성 하겠다."고 강조했다.

　최근 잇단 수상과 관련해 그는 "이번 청렴도 평가 결과는 그동안 공직 전반에 걸친 각종 청렴시책을 추진해온 결실이며 주민들께서 우리

구의 원칙 있고 깨끗한 행정을 인정한 것"이라면서 "내년에는 종합청렴도 1등급을 달성할 수 있도록 청렴시책 추진에 더욱 매진 하겠다."고 강한 의지를 피력했다.

그러면서 황 청장은 "자랑스런 한국인 대상이라는 큰 상을 받게 되어 기쁘기 그지없다"면서 "앞으로도 주민의 목소리에 더욱 더 열심히 귀 기울이고 주민들의 불편을 해결해 나가고자 노력 하겠다."고 덧붙였다.

그는 이어 공원녹지분야 공모사업과 관련해 "국비를 적극 확보해 주민 휴식 공간 조성과 관광명소 개발을 통해 주민의 삶의 질을 개선하고 지역경제를 활성화 시키겠다."고 다짐했다.

식장산 공원의 개발과 관련 동구민들의 식장산 상징타워 건립 등 요구에 대해서는 "식장산문화공원이 아름다운 자연과 훌륭한 경관을 만끽할 수 있는 대표적인 힐링 명소가 될 것으로 확신한다."며 "앞으로도 천혜의 자연과 역사유산을 적극 활용해 신바람 나는 문화·관광도시 동구를 만드는 데 최선을 다하겠다."고 강조했다.

황인호 동구청장은 "가오 새터말 주민들의 적극적인 참여와 그동안의 노고에 감사하다."며 "가오 새터말 도시재생 뉴딜사업이 성공적으로 추진될 수 있도록 적극 지원할 것이며, 주민이 주도하는 도시재생의 성공 모델이 되길 바란다."고 언급했다.

이어 대동 우리 동네 살리기 도시재생 뉴딜사업 추진에 대해 "열악한 주거환경이 개선되고 지역공동체가 활성화 돼 다른 지역과 차별화된 살기 좋은 행복 예술촌으로 재탄생할 것"이라고 말했다.

황인호 청장은 "전국 최장의 벚꽃길인 회인선 코스와 대전의 명산 식장산 등 풍부한 관광자원을 갖고 있음에도 지금까지 이를 활용하는 움직임은 부족했다."며 "직원, 구민과 함께하는 다양한 관광정책 개발을 통해 많은 사람들이 머물며 즐길 수 있는 동구를 만드는 데 모든 힘을 다하겠다."고 피력했다.

그는 또 "우리 동구에는 만인산과 식장산, 대청호 등 천혜의 자연자원과 함께 우암사적공원, 이사동 한옥마을 등 풍부한 문화자원이 있다."며 "관광도시 동구를 만들어가기 위해 앞으로도 계속해서 정책을 개발하고 실행에 옮길 수 있도록 최선을 다해나갈 것"이라고 주장했다.

최근 동구 보건지소 물리치료실 개소와 관련해 황 청장은 "어르신들의 건강증진에 큰 도움이 되길 바란다."며, "앞으로도 주민 맞춤형 건강관리 서비스 제공으로 주민 모두가 건강한 동구 만들기에 앞장서겠다."고 다짐했다.

끝으로 황인호 대전 동구청장은 "앞으로 주민들의 삶의 질 향상과 동구 발전을 위한 각종 사업추진에 가속도가 붙게 될 것"이라며, "지역구민과 직원과 소통하고 협력해 지역현안 해결과 지역발전의 결실을 거둘 수 있도록 최선을 다하겠다."고 강한 의지를 다졌다.

대전투데이 2018년 12월 10일(월)

대전역세권 개발 통해
활력 넘치는 도시기능 회복

국립철도박물관 유치 · 대전역 철도선상 멀티파크 |
호국철도역사공원 조성 등 통해 재도약 기틀 마련 |
용운주공 재건축 · 천동3구역 주거환경개선사업 등 |
도시재생뉴딜사업 추진… 주민의 삶의 질 향상 |
복지 브랜드 '나눔냉장고 · 빨래방' 내실있게 운영 |
만인산 · 대청호 등 천혜 지원 활용 관광동구 육성 |

인터뷰/2019년 구정운영 방향

  황인호 대전 동구청장은 2019년 민선7기 새로운 동구 실현의 실질적 원년으로 직원과 구민들의 의견과 지혜를 함께 모아 새로운 가치의 동구! 신바람 나는 동구민을 실현하고자 2019년 기해년 구정의지를 집시광익 선정해 그 의의를 담았다. 올해는 현 정부 3년차로 국정과제 추진에 적극적인 대응과 함께 지방정부 민선7기 2년차로 지역적 주요 현안사업이 본격화되는 시기로 새로운 동구 실현을 위한 미래 동력 발굴에 대한 구민의 기대감 상승 및 지역 현안문제 해결과 주요사업 성과 가시화를 위한 총력대응의 힘찬 시동으로 도약하는 기해년 새해의 구정방향을 설정했다. 구정여건은 민선7기 광역차원의

다양한 사업 추진과 국정을 연계한 주요 현안사업 유치를 위한 체계적 대응 방안과 전방위적인 역량집중의 시기로, 새로운 미래성장 동력 확보를 위한 정책 사업을 발굴하고 구정 현안사업에 대한 성과 가시화를 통한 지역발전의 원동역이 필요한 시기다.

- 올해 민선7기 원년으로 동구 역점시책은

새로운 가치의 동구를 실현하기 위한 민선7기의 실질적 원년으로 구정을 본격화하기 위해 대전역세권 개발과 국립철도박물관 유치, 호국철도역사공원 조성을 통해 재도약의 전기를 마련하고 활력 넘치는 도시 기능의 회복에 전념하겠다.

용운주공 재건축과 신3구역 재개발을 필두로 천동 3구역 주거환경개선사업과 대별지구 도시개발사업과 도시재생뉴딜사업 추진에 만전을 기하도록 한다. 동부선 연결도로, 신안동길, 홍도육교 지하화 사업 등을 차질 없이 진행하고, 용수골 남간정사 도로연결, 용운 외곽순환도로 구축 등 편리한 교통망을 계속 확충해 나갈 계획이다.

또한 구민의 삶을 가장 가까이에서 살피고, 구민이 필요로 하는 도움을 줄 수 있는 동구만의 특별한 복지 시책으로 함께 잘사는 동구로 만들어 나가겠다.

우리의 생명과 재산을 앗아갈 수 있는 재난은 예방이 최우선이다. 전염병과 재난에 대응하는 컨트롤 타워를 구청장 직속으로 상향 설치한 만큼, 유사시 신속하게 대처해 인명과 재산 피해를 최소화 하도록 하고 일상 속에서 쉽게 즐길 수 있는 문화체육 시설, 주민자치 프로그램을 강화하고 생활문화센터를 조성해, 집 근처 편리한 곳에서 쉽게 여가생활을 즐길 수 있도록 여건 마련에 최선을 다하겠다.

더 나은 교육 환경을 위해 동부교육지원청과 연계한 혁신교육발전협의회를 구성하고, 교육격차 해소 등 동구 교육 발전 방향을 논의해 나가고 천동중학교를 신설할 수 있도록 교육청 등 관계기관과 협력해 나가겠다.

동구는 만인산과 식장산, 대청호 등 천혜의 자연자원과, 우암사적공원, 이사동 한옥마을 같은 풍부한 문화자원을 가지고 있다.

- 2019년 대전방문의 해로 동구의 역할은

민선7기 출범과 함께 식장산, 만인산, 대청호의 관광입지를 최대한 활용한 관광동구의 선언과 함께 지난해 11월 29일 동구8경 선포식과 기자단 팸투어로 첫 걸음을 시작했고 대전방문의 해를 우리 동구가 견인할 수 있는 역할을 준비해 왔다.

대청호 벚꽃 축제 오는 4월 5일부터 7일까지 전국 최장 26.6Km의 회인선 벚꽃길과 아름다운 풍광을 자랑하는 대청호반에서 제1회 벚꽃축제가 성대하게 개최된다. 동구만의 복지시책으로 추진되고 있는 천사의 손길 행복+운동에 참여하고 있는 모든 후원자를 초청해 기부문화를 더욱 활성화하는 천사의 손길 축제, 벚꽃이 활짝 핀 대청호반에서 잊지 못할 추억으로 남을 수 있는 대청호 마라톤 축제 등 주민들과 대전을 방문한 관광객들이 함께 하는 축제가 계획돼 있다.

특히 대전의 모태도시의 자부심만큼이나 조선시대부터 근대시대의 역사 속으로의 여행이 가능한 우암사적 공원과 이사동 한옥마을은 과거와 현재를 체험하고 온고지신의 교육의 장으로 역사적 가치가 많은 예절과 문화의 원천이다.

지역 전통민속행사를 재연하는 산내동 디딜방아뱅이, 가양동 홍룡가마놀이, 316대전인동장터 만세 운동 등은 우리 동구에 한정된 놀이나 행사가 아닌 전국규모의 대회에서도 검증받은 바 있다.

매년 정월대보름에는 지역 곳곳에서 주민들의 안녕을 기원하는 민속문화 행사로 대청호반 정월대보름제, 대동교 솟대제, 주산동 장승제 등 토속신앙 유래나 보존적 가치에 대한 의의와 관심의 대상이다.

- 대전시와 연계되는 현안사업 추진방향은

대전역 복합2구역 80층 민자유치, 철도선상야구장, 철도박물관, 철도역사공원, 대전의료원 건립, 대동지식 산업센터, 도심형산업지원 플랫폼 등 금액이나 규모로 보아 천문학적인 숫자임이 틀림없다.

어려운 난제들이 많은 만큼 대전시와의 유기적인 업무협의는 물론 중앙부서, 관련기관과의 전방위적인 협력체계 유지에 많은 노력들이 필요한 민선7기 원년으로 걸림돌을 디딤돌로 바꿀 아이디어와 장벽을 교량으로 활용할 수 있는 모든 지혜와 역량을 집중할 것이다.

대전철도 선상야구장은 야구뿐만이 아니라 축구, 육상 등이 가능하고 공연, 판매, 업무시설 등 부가가치가 높은 마이스 산업을 망라한 멀티파크로 건립돼야 한다는 생각이다. 어느 일정한 자치구의 야구장이 아닌 대전시 전체의 모든 것이 담겨져 있는 경제적 파급효과나 대전의 상징성 등을 분석해볼 때 대전철도 선상야구장으로 유치돼야 한다.

공사기간, 철도운행의 안전성, 국토부 인가 등 제기된 문제점을 불가능으로 판단해서는 큰 착오이다. 현대 사회의 발달 진화된 토목·건축 등 기술적으로 가능하다. 이미 오래전에 프랑스 등 해외에서는 철도선상을 활용한 건축사례가 많다. 우리나라에도 서울 가좌지구에 주택이나 연결공간으로 철도선상을 활용 중이다.

- 복지시책 '나눔 냉장고& 빨래방'을 소개해 달라

나눔 냉장고는 곳간에서 인심난다는 옛말과 같이 한 끼 먹거리를 이웃과 나눈다는 취지로 주민 누구나 자율적으로 식재료를 기부하고 누구나 한 끼 식사를 위한 식재료를 구할 수 있는 곳간으로 용운동에서 처음 시작했는데, 지역사회보장협의체 회의 중에 주민이 주도하는 마을공동체를 만들자는 취지로 시작하게 됐다.

민선 7기 불과 6개월 만에 중앙동, 대동, 자양동, 가양2동, 홍도동, 산내동, 신인동, 판암1동 9개 동으로 확대되었다. 이처럼 짧은 시간에도 냉장고가 빠르게 확산될 수 있었던 것은 사업 취지에 대한 공감대와 주민들의 지지 덕분이다.

나눔 냉장고와 함께 사회적 약자 돌봄시스템 구축을 목표로 역점 추진하고 있는 것이 '띵동 찾아가는 빨래방'이다. 혼자서는 빨래가 어려운 주민들을 위해 월 1~2회 각 가정을 직접 방문해 세탁물을 수거해 세탁 후 배달까지 하는 원스톱서비스로 현재 삼성동과 판암1동, 판암2동, 대동, 자양동, 가양2동, 성남동, 대청동, 산내동, 효동, 가양1동, 용전동 등 12개 동에서 운영하고 있으며, 올해 안으로 16개 전동으로 확대해 나갈 계획이다.

- 주민소통방법인 '여명정담' 취지와 반응은

여명정담은 1990년대 프랭클린 루스벨트 미국 대통령은 당시 대공황의 고통에 빠진 국민을 마치 벽난로나 화롯가 옆에서 속삭이듯 설득하는 내용으로 대표적 노변정담 사례에서 영감을 얻어 평소 새벽과 아침을 활용해 민생 현장의 방문활동을 상시화한 것으로, 주민소통을 통한 구민 삶 깊숙이 파고들겠다는 의지가 담겨 있다. 소규모 공공시설물, 도로·환경 등 생활기반 시설, 취약계층 주거시설 등 각종 주민 불편사항에 대한 방문 신청 시 구청장과 동장, 관련 부서장, 민원인이 함께 현장을 방문해 실태를 파악하고 해결방안을 모색하게 된다.

민원에 따른 어려움을 겪는 주민 누구나 신청할 수 있으며, 동 행정복지센터를 방문해 비치된 현장 방문신청서를 작성 제출하면 되고, 이 중 근무시간에 방문이 어려운 곳을 선별하고 일정 조정 과정을 거쳐 현장을 찾아간다.

전국매일 2019년 2월 7일(목)
[대전/정은모기자 J-em@jeanmae.co.kr]

대전 방문의 해, 동구가 견인하겠다

황 청장, 자원·전통·행사 활용한 '관광동구'선언
대전시 연계사업, "전방위 협력체계 유지할 것"
대전베이스볼드림파크, "10년 뒤 경제성 고려해야…"

대전의 황인호 동구청장은 청백리 황희 정승의 후손으로 대전시의회 의원과 동구의회 의원을 약 20여 년간 연임해왔으며 동구민의 지지를 받으며 지난 6.13 지방선거에서 청장으로 취임했다.

황 청장은 의원 시절 연수를 빙자한 해외여행을 하는 것은 공직자의 맞는 처신이 아니라는 소신을 밝히며 지방의회의 해외 연수비를 한 푼도 안 쓴 것으로 유명하다.

황인호 대전 동구청장 인터뷰

20여 년간 대학 강의와 현장 의정활동을 접목해 입법 활동과 의안

발의, 정책토론 등으로 대한민국 의정 대상을 수상받았으며, 130여 편에 달하는 의정 칼럼과 5권의 저서를 펴내기도 했다.

이름 세 글자보다 한 일이 더 오래 회자되도록 하겠다 공언한 황인호 동구청장을 만나보고 신년 구상을 들어본다.

- 대전 동구의 기해년 구정 방향은?

"우선 대전역세권 개발과 국립철도박물관 유치, 호국철도역사공원 조성을 통해 동구 재도약의 전기를 마련할 방침이다. 용운주공 재건축과 신흥3구역 재개발을 필두로 천동3구역 주거환경개선사업과 대별지구 도시개발사업과 도시재생뉴딜사업 추진에 만전을 기하겠다. 동부선 연결도로, 신안동길, 홍도육교 지하화 사업 등을 차질 없이 진행하고, 용수골·남간정사 도로 연결, 용운 외곽순환도로 구축 등 편리한 교통망을 계속 확충해 나갈 계획이다."

황인호 대전 동구청장

- 대전방문의 해를 맞이해 동구가 준비한 것은?

"동구는 민선7기 출범과 함께 식장산, 만인산, 대청호의 관광입지를 최대한 활용한 관광동구 선언을 시작으로 동구8경 선포식과 기자단 팸투어 등 대전방문의 해를 우리 구가 견인하기 위한 준비를 해왔다. 구체적으로 4월 5~7일 전국에서 가장 긴 26.6Km의 회인선 벚꽃길과 아름다운 풍광을 자랑하는 대청호반에서 제1회 벚꽃축제를 성대히 개최할 계획이다. 우리구만의 복지시책으로 추진하고 있는 천사의 손길 행복+운동에 참여하고 있는 모든 후원자를 초청해 기부 문화를 더욱 활성화하는 천사의 손길 축제를 첫날 열 예정이다. 또 6일에는 벚꽃이 활짝 핀 대청호반에서 잊지 못할 추억으로 남을 수 있는 대청호 마라톤 축제 등 주민들과 대전 방문한 관광객들이 함께하는 축제가 계획되어 있다."

- 동구가 가지고 있는 뿌리와 특징은

"동구는 대전의 모태 도시의 자부심만큼이나 조선 시대부터 근대의 역사 속으로의 여행이 가능한 우암사적공원과 이사동 한옥마을은 과거와 현재를 체험하고 온고지신(溫故知新)의 교육장으로 역사적 가치가 많은 예절과 문화의 원천이다. 또 지역전통 민속 행사를 재연하는 산내동 디딜방아뱅이, 가양동 홍룡 가마놀이, 3.16대전인동장터 만세 운동 등은 우리 동구에 한정된 놀이나 행사가 아닌 전국규모의 대회에서도 검증받은 바 있다. 매년 정월대보름에는 지역 곳곳에서 주민들의 안녕을 기원하는 민속문화 행사로 대청동 대청호반 정월대보름제, 대동교 솟대제, 중앙동과 용운동의 탑제, 가양동 당산제, 주산동 장승제 등 토속신앙의 유래 등도 동구가 가진 특징이다."

- 구민들은 대전시와 연계되는 대형 사업들의 진척이 더디다고 지적한다.

"대전역 복합 2구역 80층 민자유치를 비롯해 철도 선상야구장 건설, 철도박물관, 철도역사공원, 대전의료원 건립, 대동 지식산업센터, 도심형 산업지원 플랫폼 등 금액이나 규모로 보아 천문학적인 숫자임이 틀림없다. 어려운 과제들이 많은 만큼 걸림돌을 디딤돌로 바꿀 아이디어와 장벽을 교량으로 활용할 수 있도록 모든 지혜와 역량을 집중하겠다. 대전시와의 유기적인 협의는 물론 중앙부서, 관련 기관과의 전방위적인 협력체계 유지에 많은 노력이 필요한 실정이다."

- 동구의 선상야구장의 경제성에 대해 어떻게 생각하시는지

"대전철도 선상야구장은 야구뿐만이 아니라 축구, 육상 등이 가능하고 공연, 판매, 업무시설 등 부가가치가 높은 멀티파크로 건립되어야 한다는 생각이다. 경제성을 고려하더라도 선상야구장이 필요하다. 100년 200년 뒤의 사업을 볼 게 아니라 당장 10년 뒤의 상황을 고려하더라도 경제적으로 어려운 지금 야구장을 신축해서 야구 시즌이 지나면 적자를 면치 못하는 지금의 운영방식은 잘못되었다고 본다. 어느 일정한 자치구의 야구장이 아니다. 대전시 전체의 경제적 파급효과나 대전의 상징성 등을 분석해볼 때 대전철도 선상야구장으로 유치되어야 한다. 공사기간, 철도운행의 안전성, 국토부 인가 등 제기된 문제점을 불가능으로 판단해서는 큰 착오이다. 현대사회의 발달, 진화된 토목, 건축 등 모든 측면에서 분석한 결과이다. 이미 프랑스 등 해외에서는 철도선상을 활용한 건축사례가 많으며, 우리나라에도 서울 가좌지구에 주택이나 연결공간으로 철도 선상을 활용 중이다. 우리가 사는 사회는 위대한 발명가, 과학자들의 상상으로 시작되어 이루 말할 수 없는 노력과 시행착오에서 완성된 성과품이 지금은 일상의 생활용품이 되었다. 상상이 현실로 결실을 맺었을 때 우리는 감

탄과 탄성을 아끼지 않는다."

- 동구만의 복지시책인 나눔 냉장고는?

"나눔 냉장고는 '곳간에서 인심난다'는 옛말과 같이 한 끼 먹거리를 이웃과 나눈다는 취지로 주민 누구나 자율적으로 식재료를 기부하고 누구나 한 끼 식사를 위한 식재료를 구할 수 있는 곳간이다. 용운동에서 처음 시작했는데 지역사회보장협의체 회의 중에 주민이 주도하는 마을공동체를 만들자는 취지로 시작하게 됐다. 민선 7기 출범 불과 6개월 만에 중앙동, 대동, 자양동, 가양2동, 홍도동, 산내동, 신인동, 판암1동 9개 동으로 확대되었다. 이처럼 짧은 시간에도 나눔 냉장고가 빠르게 확산될 수 있었던 것은 사업 취지에 대한 공감대와 주민들의 지지 덕분이다. 이외에도 '땡동 찾아가는 빨래방'사업이 있다. 혼자서 빨래가 어려운 주민들을 위해 월 1~2회 각 가정을 방문해 세탁물을 수거하고 세탁 후 배달까지 하는 원스톱서비스로 현재 삼성동과 판암1동, 판암2동, 대동, 자양동, 가양2동, 성남동, 대청동, 산내동, 효동, 가양1 동, 용전동 등 12개 동에서 운영하고 있으며, 올해 안으로 16개 전동으로 확대해 나갈 계획이다. 또 온돌쉼터도 2021년까지 중앙동을 비롯한 15개 동에 설치할 계획이다. 설치된 삼성동 한 경로당을 찾아갔는데, 어르신들이 정말 만족해하면서 이용하고 계시는 걸 보았다."

- 민원 현장을 찾아가는 '황 청장의 여명정담(黎明情談)'을 추진하고 있는데 주민들의 반응은?

"경제활동 인구 증가로 인해 공무원 근무시간 사이 민원 상담 및 정책제안이 어려운 현실에서, 근무시간 전 새벽·아침을 활용한 효과적인 대민행정서비스로 기관장이 직접 민원 현장을 찾아가고 있다. 여명정담은 1930년대 프랭클린 루스벨트 미국 대통령은 당시 대공황의 고통에 빠진 국민을 마치 벽난로나 화롯가 옆에서 속삭이듯 설득하는 내용으로 대표적 노변정담 사례에서 영감을 얻어 평소 새벽과 아침을 활용해 민생 현장의 방문활동을 상시화한 것이다. 소규모 공공시설물, 도로·환경 등 생활기반 시설, 취약계층 주거시설 등 각종 주민 불편사항에 대한 방문 신청 시 구청장과 동장, 관련 부서장, 민원인이 함께 현장을 방문해 실태를 파악하고 해결방안을 모색한다. 민원에 따른 어려움을 겪는 주민 누구나 신청할 수 있으며, 근무시간에 방문이 어려운 곳을 선별하고 일정 조정 과정을 거쳐 현장을 찾아가고 있다. 구의원과 시의원 5선을 지내면서 이른 아침에 지역을 살피는 습관을 여명정담으로 공식화하면서 주민소통의 창구로써 주민들의 많은 호응을 받고 있다. 또 직원들의 인사, 승진, 애로사항 등을 구청장과 직접 대화로써 개인 신상에 대한 고충이나 희망사항을 해결하는 '구청장과의 상담톡·행복톡'을 운영하고 있다."

- 주민들에게 더 하고픈 말씀이 있으면

"먼저 새해 복 많이 받으십시오. 짙게 깔린 어둠을 밀어내고 천지를 밝게 비추는 강렬한 태양처럼, 올 한 해는 어깨를 짓누르던 어려움을 털어내고, 모든 소원을 이루는 뜻깊은 시간이 되기를 기원합니다."

일요신문 2019년 2월 18일
[대전 = 육군영 기자 ilyo08@ilyo.co.kr]

세상에서 가장 으뜸으로 서다

| 민선 7기, 300일 맞은 동구
| 대전 방문의 해 '동구 8경' 각광, 대청호·식장산 등 천혜의 자연
| 나눔냉장고·온돌 쉼터 등 지원, 황인호 청장, 민원인 직접 소통

민선7기 300일을 맞은 대전 동구는 '새로운 가치의 동구, 신바람 나는 동구민'의 새로운 모멘텀으로 구민이 함께 하는 공정행정, 현장 중심 열린행정, 미래를 여는 혁신행정의 구정방향을 설정했다. 세상에서 가장 으뜸(넘버원)을 추구하는 '관광 NO.1, 복지 NO.1, 도시혁신 NO.1, 안전 NO.1'의 높은 깃발을 세우고 불철주야 전력질주하고 있다. 충청투데이는 민선7기 300일을 맞은 황인호 대전 동구청장과 함께 구정목표·방향 설정과 동구의

황인호 동구청장

▲ 대동 하늘공원

미래비전을 살펴본다.

- 관광 NO.1 동구

동구는 "천혜의 자원인 식장산은 밥그릇이요, 대청호는 국그릇"이라고 얘기한다. 구는 대청호와 식장산, 만인산을 연결하는 관광벨트를 구축하고 숨겨진 지역자원을 활용한 획기적인 관광 아이템을 발굴한다면 세계 대표의 관광도시로 도약하고 지역의 미래 먹거리를 책임질 수 있을 것으로 확신하고 있다.

동구의 대표 관광지로는 '동구8경'이 있다. 지난해 11월 동구를 전국에 알릴 수 있는 명소 8곳(식장산·대청호반·만인산자연휴양림·상소동 산림욕장·대동하늘공원·우암사적공원·중앙시장·대전역)을 최종 선정했다. 구는 이를 공식 선포하는 '동구 8경 확정 선포식'을 갖기도 했다.

올해부터 2021년까지 이어지는 대전 방문의 해를 실질적인 동구 방문의 해로 만들 수 있도록 동구 8경을 중심으로 다양한 관광 아이템을 발굴하고 있다. 그 일환으로 오감만족 먹거리 여행 책자발간으로 동구8경 주변 80여 곳의 대표음식, 주소, 연락처 등을 수록해 방문객들에게 유익한 식품정보를 총 집합시켰다.

이와 함께 봄철에만 만나 볼 수 있는 벚꽃길이 있다. 관광동구의 첫 실험장으로 세상에서 가장 긴 대청호 벚꽃길(26.6㎞)에서 '제1회 대청호 벚꽃축제'가 지난 6일 개최되기도 했다. 행사에는 지역주민을 비롯한 전국에서 3만 5,000여명 이상이 찾아와 3일간 대성황을 이뤘다. 특히 대청호 벚꽃길 마라톤 홍보대사인 마라톤 영웅 이봉주 선수가 참여해 마라토너들의 설레는 레이스가 펼쳐지기도 했다.

이밖에 구는 대전역 뒷골목 정동일원을 공방이나 카페거리로 발전시켜 여행객들의 관광코스로 만들고, 청소년들의 일자리를 창출하는 새로운 가치의 문화예술 마을로 조성했다. 구는 앞으로 민선7기 신바람 나는 동구를 만들기 위해 관광동구를 통한 부자동구 조성이라는

▲ 식장산

선순환 구조를 만들고자 한다. 식장산과 대청호를 비롯한 천혜의 자연환경과 우암사적공원, 이사동 한옥마을 등 역사자원을 적극 활용하고 아울러 곤룡골 평화추모공원 조성을 통해 자연·전통·문화가 빛나는 관광동구 실현에 심혈을 기울이고 있다.

- 복지도 으뜸

구는 복지사각지대에 있는 사람들을 살피는 나눔냉장고와 무료빨래방, 온돌쉼터의 내실있는 운영과 어려운 이웃에게 희망의 빛을 안겨주는 천사의 손길은 더 발전적인 방향으로 나아갈 수 있도록 노력하고 있다. 구민의 삶을 가장 가까이에서 살피고, 구민이 필요로 하는 도움을 줄 수 있는 동구만의 특별한 복지시책으로 함께 잘 사는 동구 조성이 최종 목표이다.

나눔냉장고는 '곳간에서 인심난다'는 옛말과 같이 한 끼 먹거리를 이웃과 나눈다는 취지에서 시작됐다. 주민 누구나 자율적으로 식재료를 기부하고 누구나 한 끼 식사를 위한 식재료를 구할 수 있는 마을곳간으로 용운동에서 처음 시작해 전동으로 확산 돼가고 있다.

빨래방 사업은 독거어르신 등 혼자서는 빨래가 어려운 주민들을 위해 월 1~2회 각 가정을 직접 방문해 대형세탁물을 수거해 세탁 후 배달까지 하는 원스톱 서비스로 나눔냉장고와 함께 민선 7기 대표복지시책이다. 아울러 어르신들의 여가선용과 건강증진을 위해 동별로 거점 경로당을 선정해 어르신들의 건강관리에 아주 효과적인 온돌쉼터를 설치하고 있다.

- 신바람 나는 도시기반시설 강화

동구는 주거환경개선, 재개발·재건축, 도시개발사업, 뉴딜재생사업 등 추진을 활발히 하고 있다. 도로, 철도, 상하수도, 전기 등 기본시설과 주택, 공공, 체육, 문화, 공원시설 등의 삶의 질을 향상하는 주민편익시설에 지속적인 투자와 개발계획으로 신바람 나는 동구조성에 많은 성과가 있기도 했다. 민선7기 준공된 신흥동 이스트시티(1981세대), 삼정그린코아(1707세대) 등은 입주 중에 있고 용운동 이편한세상(2267세대)은 건립 중이며 천동3구역(3463세대) 지장물조사, 신흥3구역(1588세대) 철거진행, 대동2구역(1854세대)은 사업시행인가를 준비하고 있다.

　또 국정과제 중 하나인 도시재생 뉴딜사업을 정상추진 하고 있다. 국·시비 포함 174억원 투입으로 도로 개설 등 기반시설 확충과 생활여건개선 등이 예정된 가오 새텃말 살리기와 대동 우리동네살리기 뉴딜사업이 활발하게 추진되고 있다. 구는 '사통팔달의 교통망 확충'도 열을 올리고 있다. 옛 충남도청과 남간정사까지 총 4㎞연결되는 동부선

▲ 대청호

연결도로, 삼가로~신안동길 확장 3단계, 용수골·남간정사 터널 연결도로 용역준공, 홍도육교 지하화 사업 등을 차질 없이 진행하고 있다.

- 안전하고 쾌적한 동구

황인호 동구청장은 "안전하고 삶이 쾌적한 동구를 만들겠다."라는 포부를 밝히며 각종 재난예방에 앞장서고 있다. 구는 민·관·군 협업으로 비상소집, 재난대피, 주민 참여 형 현장대응훈련 등 실전능력을 제고하는 재난대응 안전한국훈련을 전개하고 재난예방활동, 응급복구, 긴급조치 등에 필요한 재난관리기금을 안전적·효율적으로 운영하는 등 재난 안전관리 지역기반 구축을 했다.

또 공공시설, 민간시설에 대한 국가안전대진단 실시해 재난보험 활성화 정책으로 풍수해보험과 의무적인 재난배상책임보험 가입, 민간 자율 방재단을 활용한 재난취약지역 수시 순찰로 민생안정에 기여하고 있다. 구는 지역주민들의 생활민방위역량강화를 위해 기본교육, 사이버교육, 재난취약계층의 찾아가는 생활민방위교육 진행으로 유사시 행동 메뉴얼을 전파하고 국가사태를 대비한 동원자원 인력조사, 을지태극연습(5월), 인력동원훈련(6월), 충무계획수립(11~12월)으로 비상대응태세를 확립할 예정이다.

- 주민행복&소통 No.1

황인호 청장은 평소 새벽과 아침시간을 활용해 현장을 방문했는데 이를 상시화해보면 어떨까 하는 생각이 들었다고 한다. 이후 지난해 12월부터 구청장의 이름을 직접 내건 '황청장의 여명정담(黎明情談)'을 시작했다. 경제활동 등으로 인해 민원상담 및 정책제안이 어려운 주민들을 위해 근무시간 이전 새벽 및 아침시간에 구청장과 민원인이 함께 현장에서 실태를 파악하고 적극적인 해결에 나서고 있다.

구청장과의 직원들 간의 상담도 활발히 이뤄지고 있다. 직원들의 인사, 승진, 애로사항 등을 구청장과 직접 대화로써 개인 신상에 대한 고충이나 희망사항을 해결하는 '구청장과의 상담톡·행복톡'을 당직실, 열린 민원실 문서고에 설치해 운영하고 있다. 이로 인해 지난 2월말 대전·충남·세종 광역, 기초단체장 정례여론조사에서 대전 기초단체장 직무수행만족도에서 황 청장이 가장 높은 만족도를 보이기도 했다.

- 황인호 동구청장의 다짐

황 청장은 "민선7기는 23만 구민과 함께 익사이팅 동구 조성을 위한 기해년 구정의지를 집사광익(集思廣益)으로 설정하고 구민과 직원들의 사소한 의견이라도 흘려보내지 않는 구정을 펼치고자 '황청장의 여명정담', '상담톡! 행복톡!' 등의 상담창구를 통해 항상 귀 기울이고 있습니다. 특히 민선7기 300일을 맞아 세상에서 가장을 갈망하는 구민들의 염원 되새기고 구정을 다시 한 번 뒤 돌아보고 아쉬웠던 점은 더욱 심사숙고 할 것을 800여 공직자와 함께 다짐합니다."

충청투데이 2019년 4월 26일(금)
[이정훈 기자 classystyle@cctoday.co.kr]

세상에서 가장 으뜸(넘버원)으로 다가서다, 익사이팅 동구

바쁜 일정에도 불구하고 시간을 내주신 황인호 대전동구청장에게 감사를 드린다.

오늘은 민선7기 1년차를 돌아보고, 2년차의 과제에 대해서 익사이팅 동구의 비전을 들어보았다. 세상에서 가장 바쁘게 움직이고 성과

▲ 황인호 대전동구청장

▲ 대청호500리길에 대해서 설명하고 있는 황인호 청장

를 냈던 익사이팅 동구의 지난 1년의 점수를 주신다면?

한마디로 99점이라고 황인호 청장은 자신한다. 모든 성과의 공을 함께하고 있는 직원들에게 돌린 황인호 청장의 동구사랑은 결코 인사치레가 아니다.

- 민선7기 1년 소감은?

민선7기 원년 기해년 구정의지를 집사광익(集思廣益)으로 설정하고 구민과 직원들의 의견을 적극 수렴한 것이 큰 도움이 됐다.

민선7기 2년차에도 1년간 뿌려놓은 씨앗들이 하나하나 결실을 맺을 수 있도록 800여 공직자들과 한마음으로 노력하겠다.

- 성과를 꼽자면? 그리고 아쉬운 점이 있다면

'새로운 가치의 동구 실현'을 위해 민선7기 1년간 관광산업 등 미래 동력사업 발굴과 구정성과 가시화가 가장 큰 결실이다.

'관광 NO.1, 복지 NO.1, 도시혁신 NO.1, 안전 NO.1'의 높은 깃발을 세우고 새로운 동구 건설을 위한 변화와 발전 방향을 정립했다.

아쉬운 점은 지난 3월 대전역 선상야구장이 유치가 안 돼 1조 5천억 규모 대전역세권 복합2구역 민자 유치 공모마저 불발된 점이다.

이런 아쉬움을 딛고 대전역세권 개발의 키를 쥐고 있는 복합2구역 민자 유치가 성사될 수 있도록 대전시 등 유관기관과 긴밀히 협력할 계획이다.

- 관광동구 건설에 주력하는데 '대표 상품'과 로드맵은?

관광동구의 대표 상품은 역시 대청호와 식장산을 비롯한 동구8경이다. 지난해 11월 온라인과 오프라인 투표를 통해 구민의 손으로 직접 동구를 전국에 알릴 수 있는 명소 8곳을 선정했다. 식장산과 대청호반, 만인산자연휴양림, 상소동 산림욕장, 대동하늘공원, 우암사적공원, 중앙시장, 대전역이 최종 선정됐으며 이를 공식 선포하는 동구

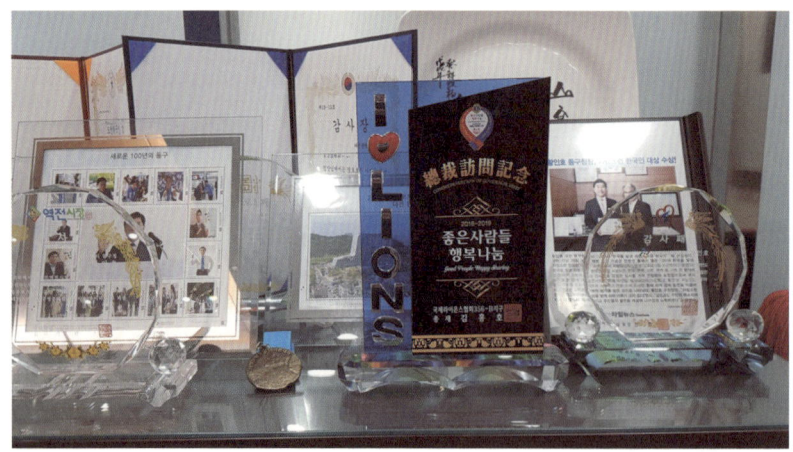

▲ 익사이팅 동구의 지난 1년의 성과

8경 확정 선포식을 갖고 대전 지역 기자단 40여 명과 함께 동구 8경 팸투어를 진행했다. 올해부터 2021

▲ 나눔냉장고 챔피언 밸트

년까지 이어지는 대전 방문의 해를 실질적인 동구 방문의 해로 만들 수 있도록 동구 8경을 중심으로 다양한 관광 아이템을 적극 발굴하고 있다.

또, 관광동구의 첫 시험대로 세상에서 가장 긴 대청호 벚꽃길(26.6km)에서 제1회 대청호 벚꽃축제가 개최되어 지역주민을 비롯한 전국에서 3만 5천여 명 이상이 찾아와 3일간 대성황을 이뤘다.

첫날 4월 5일 천사의 손길 축제에 이어 4월 6일은 대청호 벚꽃길 마라톤 홍보대사인 마라톤 영웅 이봉주 선수가 참여하여 3604명의 마라토너들의 설레는 레이스가 펼쳐졌다. 가요제, 벚꽃콘서

▲ 나눔냉장고 챔피언 밸트찬 황인호 청장

트, 뮤지컬, 전국 키즈모델 선발대회 등 짜임새 있는 프로그램 준비도 대성황을 이루는데 한몫을 했다.

올해 4월에는 대동하늘공원이 한국관광공사가 주관한 강소형 잠재 관광지에 선정되어 한국관광공사 대전충남지사에서 강소형 관광지 육성방안 연구 착수 보고회를 갖는 등 본격적인 마케팅 방안이 논의 되고 있다.

로드맵은 민선7기 신바람 나는 동구를 만들기 위해 관광동구를 통한 부자동구 조성이라는 선순환 구조를 만드는 것이다. 식장산과 대청호를 비롯한 천혜의 자연환경과 우암사적공원, 이사동 한옥마을 등 역사자원을 적극 활용하고 아울러 산내평화공원 조성을 통해 자연·전통·문화가 빛나는 관광동구 실현에 심혈을 기울이고 있다.

- 복지사각지대 해소 위한 복지동구 구현 진척도는?

동구의 대표 복지브랜드로 자리잡은 나눔 냉장고와 떵동 빨래방은 주민, 단체, 기업 등의 적극적인 지지와 관심으로 많은 호응을 받고 있다.

나눔 냉장고는 '곳간에서 인심난다'는 옛말과 같이 남는 식재료를 어려운 이웃과 나누자는 취지에서 시작되어 성공적으로 운영 중이며, 떵동 빨래방은 거동이 불편한 어르신들을 위해 무거운 이불빨래 등을 세탁, 건조, 배달까지 해드리는 신개념 복지시책이다.

특히 나눔 냉장고는 민선7기 출범과 동시에 본격 시행하여 국민생활밀접 민원 제도 개선 우수사례 최우수상, 시정혁신 우수사례에 선정되는 등 성과를 이루었으며 지난 5월 1일 행정안전부에서 추진하는 전국 확산 우수사례로 최종 선정되었으며 6월 19일 행안부 인증

혁신챔피언에 등극했다.

천사의 손길 나눔저금통 사업은 명예사회복지공무원인 다가미 50여 명을 통해 개인과 단체를 대상으로 1인 1저금통 갖기 운동을 전개해 후원자를 발굴해서 많은 분들의 사랑과 기부를 담을 계획이다.

복지 NO.1
- 2018.12.16. 보건복지부 전국지역복지평가 우수기관 선정
  나눔 냉장고, 무료빨래방, 온돌쉼터 ⇨ 명실공히 복지브랜드로 성공적 정착
- 2019.04.16. 보건복지부 통합건강증진사업 최우수기관 선정
- 2019.05.01. 행정안전부 전국확산우수사례 혁신챔피언 선정 / 나눔 냉장고
- 2012.06.12. 대전광역시 민원제도개선 우수사례 / 설렘 쿠폰
- 2019.06.26. 지방자치TV 2019년 지방자치 행정대상 선정

'동구 설렘 쿠폰'은 각 가정에 쌓여있는 쿠폰을 기부해 어려운 이웃들에게 배달음식을 전달하는 제도로서 이달 11일 대전광역시 2019년 민원제도개선우수사례 최우수상에 선정됐다.

- 이달 김재현 기관사 추모식을 처음으로 갖는데 의미는?

7월 19일 호국철도광장(대전역 동광장)에서 6.25전쟁 참전 철도 유공자 제 69주기 추모식을 개최할 계획이다. 유족, 주요 기관 단체장, 보훈단체 회원 등 200여 명을 모신 자리에서 고(故) 김재현 기관사를 비롯해 군인과 전쟁물자 수송 작전에 투입되어 큰 공을 세우며 계급

도 군번도 없이 국가와 민족을 위해 헌신하며 전사한 287명의 숭고한 넋을 기릴 계획이다.

고(故) 김재현 기관사는 6.25 전쟁 당시 미카 3-129호를 몰고 미8군 제24사단 윌리엄 딘 소장을 구출하기 위해 적탄을 무릅쓰고 작전을 수행하다가 미 특공대원들과 함께 장렬히 순국하고 말았다.

그런 의미에서 4월 24일에는 미국 대통령에게 6.25 전쟁 당시 고(故) 김재현 기관사를 비롯한 호국철도 영웅들을 소개하는 내용을 담은 서한문을 국제특급우편을 통해 백악관으로 발송해 추모제에

▲ 호국철도지킴이 동상

방문해 주실 것을 정중히 부탁드렸다.

이와 같은 노력이 결실을 이뤄 최근 아주 반가운 소식을 전해 들었다. 주한 미8군 사령부에서 추모제에 전격 참석할 뜻을 전해온 것이다. 참석 자체가 유족들을 위로하며 추모제를 매우 뜻깊은 행사로 만

들 것으로 기대하고 있다.

- 마지막으로 구민들에게 한 마디

 민선7기 1년은 23만 구민과 함께 익사이팅 동구, 신바람 나는 동구 조성을 위해 부단히 노력했던 한해였다. 1년 동안 정말 단단하고 건강한 뿌리를 내렸고 더 좋은 가지와 빛나는 열매를 가질 수 있는 토대가 마련됐다. 2년차는 이 건강한 뿌리를 가지고 열매 하나하나를 맺게 할 계획이다.

 또한 지역주민들의 삶의 질을 향상하고자 800여 공직자와 함께 머리를 맞대고 각종 시책 발굴, 아이디어 개발 등의 노력 결과 중앙정부의 각종 공모사업에서 285억 원의 사업재원을 확보하는 성과를 거두었다.

 마지막으로 세상에서 가장을 열망하는 동구민들 염원을 되새기고 800여 공직자와 함께 더욱 더 가열 차게 노력할 것을 다짐한다.

도움뉴스 2019년 7월 9일
[대담자:도움뉴스 발행인 김경숙, 기자 이정미]

코로나19 종식 최선…
동구 새로운 100년 성과 창출

지난해 말 시작된 코로나19 사태의 장기화로 각 지자체가 갈피를 못 잡고 있는 가운데 황인호 대전동구청장은 이를 전화위복의 기회로 삼아 구정 발전을 위한 잰걸음을 보이고 있어 화제다. 사실상 모든 행정력이 코로나19에 함몰돼 있는 상황에서 황 청장은 코로나19의 확산 방지는 물론, 동구 지역 발전에 획을 그을 수 있는 굵직한 사업들을 유치함으로써 지역민의 삶의 질 개선은 물론, 대전 원도심 주민으로서의 자긍심도 되살리고 있는 것이다. 이에 뉴스매일은 황인호 대전시 동구청장을 만나 그간의 행보에 대해 이야기를 나눴다.

- 동구는 코로나19의 확산방지를 위해 많은 노력을 한 것으로 알고 있습니다. 소개해 주시지요.

지난 2월 22일 대전 동구에서 첫 확진자가 발생한 이후 즉각적으로 대책회의를 소집하고 확진자가 다녀간 자양동 일원 12곳에 대한 방역 소독을 실시하는 등 발 빠르게 대응했습니다. 또 제가 직접 방호복을 입고 직원들과 함께 담소1호부터 5호 공중화장실에 대한 방역소독을 실시했으며 중앙시장 일원에서 새마을협의회와 상인회원들과 함께 특별 방역소독에 동참했습니다.

코로나19 대응 과정에서 저희가 전국 최초, 또 대전 최초로 추진한 사업들이 많은데 마스크 품귀 현상을 해결하고자 면 마스크 자외선 소독기를 전국에서 처음으로 설치했습니다. 구 본청과 16개 동 행정복지센터에 설치해 주민들께서 마음 놓고 사용할 수 있도록 했습니다.

대전에서 처음으로 구청, 보건소, 동구 의회, 동 행정복지센터에 총 22대의 열화상카메라 감지시스템 구축을 완료했습니다. 또한 대전에서 처음으로 공동주택 엘리베이터에 코로나19 항균 필름을 부착해 화제가 됐습니다. 항균필름에 구리 성분이 스테인리스나 은나노 코팅보다 높은 항균력을 지녀 감염병 예방에 효과가 있습니다.

▲ 대전형 긴급재난 생계지원금 신청 현장

지난 5월 7일에는 정부 긴급재난지원금의 신속한 집행을 위해 대전에서 가장 먼저 긴급재난지원금 전담팀을 설치했습니다. 코로나19 생활 속 거리두기 성공적 전환과 함께 경제방역에도 최선을 다하겠습니다.

- 대청호 드라이브 스루 벚꽃길이 화제가 됐었는데…

지난 3월 31일 대청호 벚꽃길 일원에서 코로나19 극복을 위한 '내리지 말고 드라이브 스루로 즐기는 오동선 벚꽃길' 사회적 거리두기 캠페인에 나섰습니다. 벚꽃 개화시기에 맞춰 26.6km에 달하는 '세상에서 가장 긴 벚꽃길'인 대청호 오동선 벚꽃길에 대규모 인파가 몰릴 것에 대비해 차에서 내리지 않고 드라이브 스루로 벚꽃을 즐기게 함으로서 코로나19의 지역 확산을 예방하고자 노력했습니다. 벚꽃길을 무조건 막을 것이 아니라 드라이브 스루로 즐긴다는 기발한 발상이 전국적으로 신선한 충격을 안겨, 중앙일간지 4곳에 대서특필되고 공중파 방송사에서 연일 보도되는 등 화제를 모았습니다.

▲ 오동선 벚꽃길 차에서 내리지 않고 드라이브 스루로

또한 식장산 입구에서 제가 직접 나서서 등산객들을 대상으로 사회적 거리두기와 코로나19 예방수칙 안내 캠페인에 나선 바 있습니다.

하루 빨리 코로나19 상황이 종식될 수 있도록 모든 행정력을 집중하겠습니다.

- 진실과 화해의 숲 조성사업 자세한 설명 부탁합니다.

진실과 화해의 숲 조성사업은 한국전쟁 전후 산내 골령골 지역에서 희생된 민간인을 포함한 전국단위 희생자의 넋을 위로하고 역사적 진실을 알려 평화와 인권의 세계적 명품공원으로 조성하기 위한 사업입니다.

지난 6월 3일 진실과 화해의 숲 조성사업 국제설계공모 관리용역 착수보고회를 가졌습니다. 국제설계공모를 통해 국내와 국외 뛰어난 설계자들의 작품 중 가장 창의적이고 역사적인 상징성을 띤 작품을 엄선할 계획입니다. 우리 동구는 진실과 화해의 숲 조성을 통해 유가족들에게는 위로를, 대전 시민을 비롯한 우리 국민 모두에게는 아픈 역사에 대한 기억을, 세계인들에게는 인권과 평화를 상징하는 장소로 만들고자 노력하고 있습니다.

▲ 진실과 화해의 숲 조성사업 국제설계공모

진실과 화해의 숲 조성사업은 낭월동 일원 10만8,000㎡ 부지에 총사업비 402억 원을 투자하여 2024년 하반기 완공할 계획입니다. 2018년도 사업을 시작할 당시 기재부에 승인된 총사업비는 295억 원으로 약 11만㎡ 규모의 공원과 건축물을 조성하기에는 턱없이 부족한 상황이었습니다. 사업이 다소 늦어지더라도 필요한 사업비를 확보한 후에 추진하는 것이 바람직하다는 판단에서 2019년 기재부와 협의 끝에 402억 원으로 약 107억 원을 증액하는 성과를 이뤄냈습니다.

진실과 한해의 숲 조성사업은 누구나 편히 쉴 수 있는 휴식공간과 3800㎡ 규모의 건축물이 건립될 예정으로 역사적 사실에 대한 교육, 전시관과 희생자들에 대한 추모관 등이 조성될 예정입니다.

폭넓은 연구와 자료 수집을 통해 왜곡된 역사를 바로 세우고 피해자 명예회복을 위한 추모 시설 조성에 역점을 두는 한편 쾌적하고 아름답게 시설물을 관리해 누구나 즐겨 찾고 쉽게 찾아올 수 있는 주민 친화적인 관광명소로 조성할 계획입니다. 진실과 화해의 숲 조성을 통해 지난 70년간 묻혀있던 왜곡된 역사를 바로잡는 계기로 삼고 희생자와 유족을 위로하는 세계적인 관광 명소로 발돋움할 수 있도록 구청장으로서 사명감을 갖고 노력하겠습니다.

- 대전역 쪽방촌 도시재생 뉴딜사업도 큰 성과로 꼽히는데요. 어떻게 추진되고 있는지요?

지난 4월 22일 한국철도공사 사옥에서는 동구 주민의 오랜 숙원이었던 대전 역세권개발에 희망을 주고 변화의 시작을 알리는 의미 있는 협약식이 개최됐습니다.

바로 1만 5000㎡에 이르는 대전역 일대 쪽방촌 밀집지역에 대한 도시재생 방안이 바로 그것입니다. 구체적인 계획은 노후 건축물이 밀집한 주거지를 주거·복지·업무 복합시설로 새 단장하고 거주민이 다시 그곳에 정착할 수 있도록 유도해 주거안정성을 보장하는 선(先)이주, 선(善)순환 방식으로 2157억 원의 사업비가 투입될 예정입니다.

쪽방촌 주민들을 위해 250세대가 거주할 수 있는 영구임대 아파트가 들어서고 청년들을 위한 행복주택이 450세대, 일반분양으로 700세대 등 공공주택 1400세대를 마련할 계획입니다.

저렴한 임대료로 더 넓고 쾌적한 환경에서 생활이 가능하도록 함으로써 젠트리피케이션을 방지하고 쪽방주민의 재정착에 가장 효과적인 사업이라고 할 수 있겠습니다. 실제로 현재 2평(6.6㎡)에

▲ 정동 도시재생뉴딜사업 추진 협약체결

월 임대료가 10만 원 정도이나 개선 후 4.8평(16㎡)에 월 임대료는 3만 1000원 수준으로 크게 개선될 것입니다.

주민들을 위한 각종 보건, 체육, 도서관 등 삶의 질을 높이고 쾌적한 환경을 제공하기 위한 생활 지원센터도 들어설 예정입니다. 쪽방촌 주변은 대전로 활력UP사업, 희망복원안심센터 조성, 정감 있는 안심길 조성 등으로 구도심 복원을 통한 주민이 안심하고 살 수 있는 환경이 조성됩니다.

- 사회적경제 혁신타운이 가양동 유치 결정됐다고…

지난달 27일 산업통상자원부 주관 '2020년 사회적경제 혁신타운 조성 사업 공모 결과 동구 가양동 소재 옛 충남보건환경연구원 자리

로 최종 선정됐습니다.

사회적경제 혁신타운은 사회적경제 조직의 역할을 강화하고 네트워크 활성화를 위한 혁신공간을 조성해 사회적경제 기업의 창업, 인큐베이팅, 컨설팅, 판로지원을 통해 내실 있는 사회적경제 기업 지원을 꾀할 계획입니다.

3305㎡ 부지에 연면적 1만 3627㎡ 규모로 조직, 훈련, 실험, 주민친화 기능을 수행하는 4개 시설을 갖출 예정입니다. 사업기간은 2022년 12월까지 3년간으로 국비와 시비 317억 원이 투입됩니다.

우리 동구는 사회적경제기업 104개가 활동 중으로 기존 사회적경제 분야 관련 조례들을 통합 '동구 사회적경제 육성 및 지원 조례'를 제정하여 네트워크 활동 및 판로 개척을 통한 기업성장 역

▲ 사회적경제혁신타운 조감도

량강화를 위하여 '사회적경제기업연합회' 구성을 추진하는 등 발 빠르게 선제적 대응에 나서고 있습니다.

앞으로 동구 사회적경제 혁신타운을 중심으로 사회적경제분야 기업 육성 및 발전이 더욱 활발해 질 것으로 기대됩니다.

- 제2시립도서관 및 쿠팡 물류센터 유치했는데…

지난 2월 14일에는 초미의 관심사였던 제2시립도서관 예정지가 전문가들의 다각적인 평가를 거쳐 동구 가양동 가양도서관 부지로 최종 결정됐습니다. 290억 원의 사업비가 투입될 예정으로 신, 구도심

간 문화격차를 해소하고 지역 주민뿐만 아니라 대전 시민들의 문화 중심지 역할을 하게 될 것으로 기대됩니다.

또 5월 7일에는 낭월동 남대전종합물류단지 내에 쿠팡 물류센터가 들어서게 됐습니다. 이로서 2021년까지 2년간 3만 319㎡ 부지에 600억 원이 투자될 예정이고 300명 이상의 신규인력이 지역에서 우선 채용될 예정입니다.

- 동구에서 전국최초로 공중화장실을 스토리텔링으로 지역명소화한다고 들었습니다.

민선7기 공약사업 중 하나로 '공중화장실 개선사업을 통한 클린(clean) 화장실 조성'을 통해 공중화장실 환경 개선과 함께 지역의 이야기를 담아 명소화하고 있습니다. 지역의 이야기를 담은 곳이라는 뜻으로 '담소'공중화장실로 이름 지었는데요. 저희 동구가 전국 최초로 이 담소 공중 화장실을 스토리텔링을 통해 지역 명소화하고 있습니다.

2018년 11월 26일 담소1호가 인동 만세로 광장에 그 첫 선을 보였습니다. 유관순 열사의 명언과 태극기 문양을 넣어 3.16 인동장터만세운동이

▲ 스토리텔링으로 지역 명호화한 담소4호 모습

열렸던 인동장터의 역사적 공간으로서의 가치를 기념했습니다.

담소2호는 삼성동 북부교 인근에 위치해 옛 삼성동 우시장이 있었

던 소전거리의 모습을 재연해내 일명 외양간화장실이라고 부릅니다.

담소3호는 우암사적공원 인근에 위치해 매봉산 밑 숲이 우거진 마을이었던 더퍼리 마을을 한자로 표기해 가팔이라고 불렸던 지역의 유래를 소개하고 있습니다.

담소4호는 대동천 동서교 인근에 위치해 6.25전쟁 당시 미 제24사단장인 윌리엄 딘소장 구출작전에 투입된 미카 3-129호 기관차의 모습을 형상화해 국가와 민족을 위해 헌신한 고(故) 김재현 기관사를 비롯한 철도유공자들의 애국심과 희생정신을 기념했습니다.

담소5호는 대청호 인근 신하동에 위치해 세상에서 가장 긴 벚꽃 터널로의 여행을 주제로 벚꽃 이미지와 함께 아름다운 대청호반과 오동선 벚꽃길의 아름다움을 그려냈습니다.

담소6호는 현재 세천동 궁도장에 위치해 있으며 고구려 무용총 수렵도를 담아 지역의 특색을 담아냈습니다.

담소6호에서 그치지 않고 앞으로도 7호, 8호, 9호… 계속해서 지역의 이야기를 담은 담소 화장실을 지속적으로 조성해 나갈 계획입니다. 담소화장실은 주민들에게 편의 제공은 물론 쾌적한 화장실 환경 조성에도 크게 기여함은 물론 앞으로 각 지역의 문화와 정체성을 담은 전국적인 명소로 거듭날 것으로 기대하고 있습니다.

- 끝으로 하시고 싶은 말씀은?

동구 주민 여러분 그리고 대전 시민 여러분! 코로나19 발생으로 인해 주민들께서 겪고 계신 생활 불편과 경제적 어려움을 잘 알고 있습니다. 하루빨리 코로나19 사태를 종식시키고 행복한 일상을 즐기실 수 있도록 모든 행정력을 집중하겠습니다.

조금 더 힘을 내 주시고 조금 더 인내해주시기 바랍니다.

우리 동구는 그동안 지속적으로 중앙부처와 대전시 그리고 유관기관과 유기적으로 협력한 결과 동구에 올해 상반기에만 3,000억 이상의 사업비 투입이 확정됐습니다. 동구민 여러분들의 지속적인 관심이 없었다면 불가능한 일일 것입니다.

동구의 새로운 백년을 열어가기 위한 본격적인 성과 창출을 위해 이제까지 해

▲ 코로나19 백일의 기록 책자 제작

온 것처럼 앞으로도 최선을 다해 나가겠습니다. 아울러 동구만의 특색 있는 사업 발굴을 통해 대전뿐만 아니라 전국에서 손꼽히는 지자체가 되고자 노력하겠습니다.

지금까지 아낌없는 지지와 협조를 보내주신 23만 구민여러분께 다시 한번 깊은 감사를 드립니다. 저와 800여 공직자 모두 합심하고 협력하여 구민의 건강과 행복을 지키기 위해 최선을 다할 것입니다. 감사합니다.

뉴스매일 2020년 06월 09일
[구자헌 기자 ccrc3781@naver.com]

대전 역세권 개발,
백년대계 초석될 것

민선7기 후반전에 돌입한 황인호 대전 동구청장이 대전역을 중심으로 백년대계의 초석을 다지겠다는 포부를 밝혔다. 대전역 주변은 이미 상전벽해를 예고한 상태다. 혁신도시 지정을 비롯한 역세권 개발, 쪽방촌 도시재생 뉴딜사업 등 각종 개발 호재를 품고 있다. '대전의 관문'이던 대전역이 향후 지역균형 발전, 도시 경쟁력 강화, 지역경제 활성화의 핵

황인호 대전 동구청장, 충청뉴스 인터뷰 모습.

심축이 될 것이란 전망이 나오는 이유다. 이와 함께 황 청장은 '관광동구' 정책에 따른 관광 인프라 조성과 원도심 활성화에 주력하고 대전의료원 설립, 도시재생 추진 등 동구민의 오랜 숙원 사업 해결에 적

극 나서겠다는 방침이다. 〈충청뉴스〉는 지난달 31일 황 청장을 만나 전반기 성과 및 향후 구정 방향을 들어봤다.

- 민선7기 전반기 성과

전반기는 동구의 새로운 성장 동력인 '관광 동구' 활성화를 위한 기반을 구축하고 동시에 원도심 부활의 기폭제가 될 수 있는 역세권 개발 등 각종 대규모 사업이 선정돼 관광·복지·혁신·안전 도시 조성을 위한 기틀을 마련했다.

우선 정책여건 개선을 위한 재원 확보에 총력을 기울이고 재정 신속집행우수부서로 2년 연속 선정되는 등 가시적인 성과를 창출했으며, 현장과 구민 중심의 규제혁신 추진으로 행정안전부로부터 전국 최우수라는 성과를 이끌어냈다.

신규 관광자원 발굴과 적극적인 홍보로 대청호 벚꽃축제와 대청호 벚꽃길 마라톤대회를 성황리에 개최했고, 동구 관광 명소인 '동구8경'과 대표 먹거리인 '동구 8미'를 선정했다.

- 동구 도시생활환경 사업이 한창인데

주거환경개선사업, 재개발사업 등 정주여건 개선으로 살기 좋은 도시를 조성하고 구민의 삶의 질을 향상시켰다. 천동 3구역 사업 시행인가를 완료하고 보상에 착수했으며, 신흥 3구역 재개발사업 공사 착공과 더불어 분양을 완료했다. 아울러, 쾌적한 생활환경과 도시 균형발전을 위한 도시기반시설 확충을 위해 주민들의 오랜 숙원이었던 동부선 연결도로를 10년 만에 개통했으며, 대전역세권도로(삼가로 신안동길 확장 및 동광장길) 조성 사업을 추진 중에 있다.

지난해 1월에는 대신2구역 주거환경개선사업(이스트시티)을 완료, 올해 3월에는 성남동1구역 재개발사업 사업시행계획을 인가, 대동 4·8구역 재개발사업 조합설립을 인가했다. 최근엔 삼성 4구역 및 중앙1구역 재개발사업 시공사 선정을 마쳤으며 가양동 2구역 착공 등 재건축사업 9개가 구역별 순차적으로 진행되고 있다.

이 밖에도 가오동, 대동 등 도시재생 뉴딜 사업 및 대전역세권 개발 위한 복합2구역 공모사업과 국립 철도박물관 추진, 인동 국민체육센터와 성남동 다목적체육관 설립을 추진하겠다. 송자 공원 조성 사업으로 추진 동력이 마련된 소제구역과 천동3구역을 비롯한 3단계 주거환경 개선사업인 대동3구역, 홍도구역도 차질 없이 추진하겠다.

- 대규모 사업 추진 계획

먼저 대전역 쪽방촌 도시재생 사업은 1만 5천㎡에 이르는 대전역 일대 쪽방촌 밀집지역에 노후 건축물이 밀집한 주거지를 주거 복지 업무 복합시설로 새 단장하고 거주민이 다시 그곳에 정착할 수 있도록 유도해 주거안정성을 보장하는 선(先)이주, 선(善)순환 방식으로 2157억 원의 사업비가 투입될 예정이다.

사회적경제 혁신타운 조성사업은 사회적경제 조직의 역할을 강화하고 네트워크 활성화를 위한 혁신공간으로 3305㎡ 부지에 연면적 1만 3627㎡ 규모로 조직, 훈련, 실험, 주민친화 기능을 수행하는 4개 시설을 갖출 예정이다. 사업기간은 2022년 12월까지 3년간으로 국비와 시비 총 317억 원이 투입된다.

이와 함께 진실과 화해의 숲 조성사업은 한국전쟁 전후 산내 골령골 지역에서 희생된 민간인의 넋을 위로하고 역사적 진실을 알리고자 명품공원을 조성하고자 추진 중이다. 총 사업비는 402억 원이 투입된다. 제2시립도서관은 가양도서관 부지로 최종 결정돼 290억 원의 사업비가 투입될 예정이며, 낭월동 남대전종합물류단지 내에 들어설 예정인 쿠팡 물류센터는 2021년까지 2년간 3만 319㎡ 부지에 600억 원이 투자될 예정이고 300명 이상의 신규인력이 지역에서 우선 채용될 예정이다.

- 민선7기 후반기 구정 지향점

민선7기 후반기는 구민의 의견에 귀 기울이고 주민들의 참여를 확대시켜 '새로운 가치의 동구! 신바람 나는 동구민'을 실현하겠다. 특히 2020년 경자년 구정의지를 이청득심(以聽得心)으로 선정했는데 이는 주민 뜻을 구정에 적극 반영하고자 하는 의지의 표현이다. 다양한 의견과 지혜를 모아 현안사업의 가시적인 성과창출을 위해 적극 노력하겠다.

특히 코로나19와의 장기전에 대비해 선제적이고 능동적인 방역을 실시하는 등 코로나의 지역 사회 확산방지를 위해 총력을 다할 계획이다. 아울러 소상공인과 전통시장 상인 지원정책을 적극 펼쳐 지역경기 활성화에 역점

황인호 대전 동구청장, 충청뉴스 인터뷰 모습.

을 두는 한편 일하는 방식에 있어서도 비대면 시스템을 구축하도록 노력하겠다.

아울러 혁신도시 지정 및 쪽방촌 도시재생 뉴딜사업 등 대대적인 대전역세권 개발사업 추진에 발맞춰 지역 내 공공기관, 민간투자 유치를 위해 중앙정부 및 상부기관과의 유기적인 협력체계를 구축하겠다. 대전역 인근 복합2구역 민자 유치, 대전의료원 설립, 소제구역 주거환경개선사업 추진 등 동구민의 오랜 숙원 사업들을 하나하나 해결해 나가고자 노력하겠다.

- '관광 동구' 후반기 핵심 추진과제

후반기에는 본격적인 관광 동구 활성화를 위해 대청호와 만인산·상소동, 원도심을 중심으로 관광 인프라 구축과 관광 진흥사업을 역동적으로 추진하고자 한다.

특히 대청호를 중심으로 하는 생태관광 거점조성을 위해 대청호오백리길 보행데크 설치와 편의시설을 추가 조성하고 효평 분교를 리모

황인호 대전 동구청장, 충청뉴스 인터뷰 모습.

델링하여 주민들과 함께하는 생태관광 커뮤니티 시설을 구축할 계획이다. 만인산·상소동은 대전방문의해를 맞아 정적인 장소에서 벗어

나 동적인 숲 어드벤처 시설조성을 통해 대전 시민들이 근거리에서 동적인 체험을 할 수 있도록 할 예정이며, 기존의 캠핑, 산림욕과 더불어 짚라인, 루지 등의 익사이팅한 경험을 주고자 구상 중에 있다.

전반기에는 동구 관광활성화의 기틀을 마련했다면, 이제는 가시적인 성과를 보여주기 위한 중요한 시기라고 생각한다. 코로나19라는 위기를 맞고 있지만, 이에 굴하지 않고 관광동구 완성을 위해 모든 역량을 집중하겠다.

- 동구의 가장 큰 도전과 과제

관광산업육성을 통해 지역경제를 활성화시키고 일자리를 늘려 '부자 동구'를 조성하겠다. 관광 정책 추진에 있어 주민이 체감할 수 있는 가시적인 성과 창출을 위해 이번 조직개편을 통해 관광문화경제국을 신설했다. 아울러 관광종합기본계획 연구 용역을 바탕으로 관광콘텐츠를 개발하겠다. 또한 대청호·식장산·만인산 중심 관광벨트를 조성하고 옛 효평분교를 생태관광 거점의 전진기지로 활용하여 동구를 전국적인 관광 명소화 할 계획이다.

동구의 대표 복지브랜드인 '천사의 손길' 감사 축제 개최 및 홍보로 더 많은 주민 참여를 독려할 계획이다. 아울러 행안부 주최 '주민생활혁신사례 확산 대상'으로 선정된 나눔 냉장고를 비롯해 땡동 빨래방, 설렘 쿠폰함, 집수리 봉사단, 혼자 사는 어르신들을 위한 인공지능 인형 효돌·효순이 지원 등 다양한 복지 시책 사업을 적극 추진하겠다. 맞춤형 노인돌봄서비스 확대, 장애인 공공일자리 확대, 출산부담 경감 및 출산장려지원금 증액, 보육환경 개선, 청년 창업지원, 전통시장 현대화 사업 등 모든 주민들이 골고루 잘살기 위한 시책 추진에 적극 노력하겠다.

안전관리체계 구축으로 안전한 동구로 구현하겠다. 폭염대책의 일환으로 경로당 냉방비 지원, 그늘막, 그늘목 설치 사업 등을 지속 추진하면서 재난, 재해 제로도시 목표로 맞춤형 안전행정 서비스 제공, 지진 안전 시설물 인증제를 실시하고 범죄예방을 위한 도시환경디자인 (셉테드)도 조성할 계획이다.

- 남은 임기, 구정 추진 각오

코로나19 발생으로 인해 주민들께서 겪고 계신 생활 불편과 경제적 어려움을 잘 알고 있다. 하루빨리 코로나19 사태를 종식시키고 행복한 일상을 즐기실 수 있도록 모든 행정력을 집중하겠다.

우리 동구는 민선7기 전반기에 관광, 복지, 도시혁신, 안전 등 주요 분야에서 많은 성과와 결실을 맺었다. 그동안 지속적으로 중앙부처와 대전시 그리고 유관기관과 유기적으로 협력한 결과 동구에 올해 상반기에만 3000억 이상의 사업비 투입이 확정됐다. 동구민 여러분들의 지속적인 관심이 없었다면 불가능한 일일 것이다.

구정발전에 아낌없는 지지와 협조를 보내주신 23만 구민 여러분께 다시 한 번 깊은 감사를 드린다. 저와 800여 공직자 모두 합심하고 협력하여 구민의 건강과 행복을 지키기 위해 최선을 다하겠다. 많은 격려와 관심 부탁드린다.

충청뉴스 2020년 08월 05일

대청호에 번지는 동구 주민들의 단합된 마음

김용복 /
예술평론가·컬럼니스트

황인호 대전 동구청장은 지역발전의식이 투철한 목민관이다. 동구 주민들은 황청장의 청렴결백과 지역발전을 위해 노력하는 심정을 잘 알고 있다.

그가 지역발전을 위해 노력하는 모습은 예서 제서 많이 보아왔으나 이번에 관심을 끄는 것은 대청호 오백 리 길을 널리 알리기 위한 동구 주민들의 단합된 모습이다.

대청호 오백리길 21코스 가운데 제4코스는 '슬픈 연가' 촬영지로 황청장이 정성을 들여 가꾸는 곳이다. 주민들이 모를 리 없다. 그래서 대청호의 아름다움을 널리 알리기 위해 민간단체로 처음 조직된 것이 '대청호반 사회적 협동조합'이다.

'대청호반 사회적 협동조합'은 지역 기반의 관광사업과, 동구 지역 경제를 활성화시키고, 환경파괴를 최소화하며, 지역문화를 존중해 실질적인 도움이 되도록 하기 위해 설립하였으며, 대청호 노래를 제작해 진성과 민지라는 유명 가수의 목울대를 통해 대청호의 아름다운 모습을 알리고, 찾아오는 손님들로 인해 경제 활성화는 물론 살기 좋은 동구를 널리 알리는 데 목적이 있다 하였다.

보자, 어떤 노래인가?

대청호로 오세요
- 김병걸 작사 작곡, 이동철 편곡, 노래 진성

안개 걷힌 호수 위에 벚꽃이 흘러가면
누가 먼저 오자고 했나 다정한 연인들
사랑 맹세 새기는 황새바위 전망대
병풍같은 산자락 굽이굽이 품에 안고
달려보는 오백리길 그림 같이 아름답구나
물새가 노래하면 억새가 춤을 추는
하얀 모래밭에 사랑을 쓰세요
대청호로 오세요 추억 만들어요
-2절 생략-

대청호 연가
- 김병걸 작사작곡, 이동철 편곡, 노래 민지

찰랑찰랑 은물결에 안긴 달이 빠진 대청호야
누가 그린 수채화냐 볼수록 아름답구나

호수에 벚꽃이 하얗게 내리면
물새가 아장아장 타고 노네
억새가 손짓하는 둘레길을 걸으면
새소리 바람소리 사진 한 장 찍고 싶어라
-2절 생략-

황인호 청장은 축복받은 목민관이다. 이 노래를 작사, 작곡하고 유명가수를 모시는데 들어간 많은 돈이 조합원 각자 주머니에서 나왔다 하니 그 아니 협조적인가?

협동조합을 이끄는 이성수 이사장이나, 조성대 부이사장, 성주환 사무국장, 유근숙, 차재홍, 조병우, 양주팔 이사님들 모두가 동구발전을 위해 청장과 힘을 함께하고 있다하니 동구발전은 하늘이 내린 축복인 것이다.

더구나 필자를 찾은 유근숙 이사는 첫인상이 적극적이고 긍정적이며, 지적인 눈빛을 가지고 있었다. 청장에게 큰 힘이 될 것이다. 이들과 손잡고 동구발전을 위해 최선을 다하기 바란다.

중도일보 2021년 07월 30일 (금)
[기고] 김용복 / 예술평론가·칼럼니스트

민선7기 '동구 오복(五福)' 다음 목표는 부자 동구

똑똑! 근황토크

"동구 오복(五福)을 아시나요?"

민선7기 3주년을 맞은 황인호 대전 동구청장. 그동안의 성과를 묻는 질문에 그는 한마디로 "오복"이라고 대답했다. 신바람 나는 공직문화 혁신과 대규모 공모사업 유치 등 다양한 성과 중에서도 동구 천지개벽을 이끌 다섯 가지 복주머니를 얻은 것이 가장 큰 기쁨이자 보람이라고 말한다.

이어 그는 "남은 1년 지금보다 더 열심히 동구발전을 위해 일하겠다"는 각오와 함께 "내년 지방선거에서 주민들이 다시 선택해 주신다면 부자 동구를 만드는 데 모든 것을 바치고 싶다"는 희망을 밝혔다.

- 민선 7기가 1년밖에 남지 않았다.

지난 2018년 7월 1일 '새로운 가치의 동구 실현'을 외치며 구정의 첫걸음을 뗀 뒤 그동안 정말 밤낮없이 일해왔고 그만큼 성과도 많았습니다. 지난 3년 동구에 많은 변화의 바람이 불고 있고, 하루하루 달라져 가는 동구의 모습을 보면서 뿌듯함을 느낍니다. 과거 동구의회 의장을 할 때에도 전국에서 유일하게 최고의원, 최고의회, 최고의장 '트리플 크라운'을 달성했는데, 일하는 습관은 못 버리고 몸에 밴 것 같습니다. 1년밖에가 아니라 아직도 동구를 위해 1년이나 남았다는 각오로 더욱 노력하겠습니다.

- 민선7기 동구의 가장 큰 변화는.

가시적 성과도 많지만 근본적으로 공직사회 신바람 문화가 정착됐다는 점을 가장 큰 성과로 뽑고 싶습니다. 구청장이 되고 처음 한 일이 "국비·시비·민자 많이 유치한 공무원 우대하겠다. 사업부서가 아니라면 동구의 명예를 높여라. 아이를 많이 낳는 것도 중요하다"고 인사원칙을 세웠습니다. 완장과 계급장이 아니라 동구에 애정을 가지고 변화와 발전을 위해 노력해달라는 당부였죠.

그동안 이 원칙은 흔들림 없이 지켜졌고, 그 결과는 전국 최초로 그림자조명 규제를 해제하는 선도행정으로 대통령 표창을 받은 것은 물론 최근 10년 공모사업 총액 1857억 원 중 약 75%인 1385억 원을 민선7기 3년간 유치하는 성과로 나타났습니다. 나눔냉장고, 천사의 손길 사업도 다 공무원들이 아이디어를 낸 것입니다.

- 그동안 성과를 꼽자면.

코로나19 장기화 등으로 힘든 시기가 지속되는 중에도 우리 동구는 주민들과 함께 다양한 변화와 성과를 이루어 냈습니다. 바로 '오복(五福)'입니다.

그중 첫 번째 복주머니는 대전역세권 재정비사업의 서막입니다. 지난해 혁신도시 지정은 물론, 도심융합특구 지정, 복합2구역 민간사업자 선정 등 대전역 일대는 경부선이 만들어진 지 110년 만에 가장 변화와 혁신의 기회를 맞이하고 있습니다. 향후 4~5년 사이 이 지역은 2조 3,000억 원이라는 천문학적인 자금이 투입돼 69층 초고층 아파트와 3,400세대 규모 주거단지·백화점·영화관·쇼핑시설이 들어서고, 혁신도시 공공기관 입주까지 천지개벽의 시대가 열릴 것입니다.

두 번째 복주머니는 공영개발 주거환경개선사업입니다. 대전 동구는 전국 광역시 여섯 군데 동구 중 LH 공동 공영개발 주거환경개선사업이 가장 많이 이루어진 곳입니다. 앞으로도 천동3구역·대동2구역·구성2구역·소제구역 사업이 예정돼 있고, 쪽방촌 1400호 공동주택단지 건설과 용운동·용전동·성남동·천동 도시재생 선도사업도 착착 진행될 예정입니다.

세 번째 복주머니는 민영개발입니다. 공영개발 성공을 촉매제로 현재 주민들이 조합을 설립해 확정한 사업만 20곳에 달하며, 추진 중인 곳을 포함하면 50곳이 넘습니다. 이러다 보니 대전 동구는 전국의 내로라 하는 대기업이 다 모여 서로 먼저 투자하기 위해 경쟁하는 지역이 됐습니다.

네 번째 복주머니는 대전의료원 확정입니다. 10여년 전 시립병원 용도로 마련해놨던 부지를 훼손하고 구청사를 설립해 다시 동구에 대전의료원을 달라는 말도 못할 처지였는데, 범시민결의대회 등 전방위 노력을 통해 예타면제를 이끌어 용운동 일원에 319병상 규모로 2026년 준공이 계획돼 있습니다.

다섯 번째 복주머니는 채무 없는 희망 동구를 이루어냈다는 것입니다. 동구는 2008년 가오동 신청사 및 동 주민센터 청사 건립 등을 위해 발행한 지방채 453억 원 때문에 그동안 공무원 인건비도 못 주는 상황이 이어졌습니다. 제가 임기를 시작할 때만 해도 110억 원의 빚이 남아 있었는데, 지난해 당초 계획보다 2년이나 앞당겨 채무를 전액 상환했습니다. 무엇보다 무작정 허리띠만 졸라맨 것이 아니라 공무원 인건비 다 지급하고, 대청호 100억 원·인동국민체육센터 120억 원 등 사업은 사업대로 다 해가면서 빚을 청산했다는 점에서 남다른 감회를 느낍니다.

- 내년 지방선거에서 재선에 성공한다면.

그동안 동구는 정부·대전시 공모사업비를 많이 따오면서 살림 규모가 상당히 커졌고, 부채도 없어졌고, 주민 만족도도 높아졌습니다. 역시 행정서비스는 예산이 뒷받침돼야 합니다. 보조금만 기다릴 것이 아니라 공모사업을 잘 활용하면 다른 지방정부보다 월등히 많은 돈을 끌어와 주민들을 위해 쓸 수 있습니다.

민선7기 얽힌 실타래를 풀고 밥상을 차렸다면, 민선8기에는 잘 차려진 밥상에 주민들을 초청해 멋진 축제의 장을 만들고 싶습니다. 구민들이 내주신 세금보다 더 많은 자금을 따와서 부자 동구, 행복한 동구를 만들고 싶습니다.

밥상뉴스(http://www.bsnews.kr) 2021.07.07.
[이호영 기자 misanlee@bsnews.kr]

대전 동구에 부는 천지개벽

2부 저자수필

위기 상황에서 빛나는 리더 상(像)

다가오는 새해, 비욘드(beyond) 코로나를 기대하며

지난 11월 초 정부의 '위드 코로나' 체제 전환 이후 신종 코로나 바이러스 확진자와 위중증 환자 수가 급증하고 있다. 거기에 '오미크론'이라는 변이 바이러스가 출현해 현재 전 세계 2,000건 넘게 발생하는 등 종착역이 멀지 않을 것 같았던 코로나 19 펜데믹이 다시 세계를 공포 속으로 몰아넣고 있다.

새로운 변이의 출현으로 조금씩 기지개를 켜던 경제와 일상도 큰 타격을 받게 됐다. 급기야 정부는 지난 6일부터 방역패스를 확대하고 사적모임 규모 축소 등 특별방역대책을 내놓기에 이르렀다. 단계적 일상회복이 시작된 지 불과 한 달여 만에 벌어진 일이다.

구는 코로나 19 국내 확산 이후 그동안 매주 코로나 19 확산 방지 전략 회의를 개최하고 백신 접종, 현장 방역, 대응 인력 보강 등 지역사회 내 감염병 확산 방지를 위해 총력을 다해왔다.

이러한 노력에도 최근 역대 최고 확진자 수를 기록하는 모습을 지켜보며 필자는 허탈감과 함께 주민 안전에 대한 막중한 책임감을 느낀다. 여기서 포기할 수도, 손을 놓고 있을 수도 없다. 동구는 코로나19 확산 방지를 위해 다양한 특별 방역대책을 마련해 실시하고 있다.

우선, 최근 요양시설 등을 중심으로 확진자가 급증하고 있는 점을 고려해 노인요양시설 20개소에 대해 모든 면회를 전면 금지했으며 경로당 등 노인여가시설은 추가접종자만 출입 및 이용이 가능하도록 했다. 또한, 사회복지관과 노숙인 시설 등에 대해서도 특별방역대책 시설별 지침을 정해 준수하도록 했다.

또한, 보건소에서는 확진자 증가에 따른 치료병상 부족으로 병상

▲ 코로나 시기에 수시로 구민들과 하는 방역활동 (인동 만세로화장실 주변)

대기자들이 지속적으로 증가하고 있음을 고려해 의료진과 협업, 병상 대기자 모니터링을 강화하고 병상 확보를 지속적으로 시에 건의하고 있으며 의료인력 확대 및 재택치료 전담 인력 증원으로 재택치료 관리에 만전을 기하고 있다.

코로나 19 백신접종에도 힘을 내고 있다. 접종률 제고를 위해 접종 가능한 공직자들부터 3차 접종에 참여하도록 독려하고 고령층 미접종자에 대해 접종 홍보를 강화하고 있으며 집중 접종 주간을 설정해 접종 기한을 연장하는 등 소아청소년 접종 지원에도 총력을 기울이고 있다.

아울러, 정부의 특별방역대책 시행에 발맞춰 구도 지난 6일부터 내달 2일까지 4주간 특별 방역수칙을 적용하도록 하고 구청 전 부서에 축제·행사 등을 가급적 온라인으로 개최하도록 했으며 코로나 19 지역사회 확산 방지를 위해 지난 해에 이어 올해도 새해 해맞이 행사를 전면 취소하기로 했다. 코로나 19 이후 혈액 부족 사태가 심각한 것을 고려해 오는 22일에는 직원과 주민 대상 자발적 헌혈 운동에도 동참키로 했다.

지금 이 시점이 앞으로 단계적 일상 회복이 가능여부를 결정짓는 분수령이 될 것이다.

다가오는 임인년 새해, 모두가 행복한 한 해가 되길 바라며 전 세계를 휩쓸고 있는 감염병이 완전히 종식되는 비욘드(beyond) 코로나 시대가 도래해 그 어느 때보다도 어려운 시기를 보내고 있는 우리 주민들이 예전의 일상으로 돌아가기를 기원한다. 코로나 종식이라는 새해 소망이 올해가 마지막이 되기를 간절히, 아주 간절히 기도해본다.

공직자의 바른길은 '청렴'이다

청렴에는 세 등급이 있다.

최상의 등급은 나라에서 주는 봉급 외에는 아무것도 먹지 않고, 설령 먹고 남는 것이 있어도 집으로 가져가지 않으며, 임기를 마치고 돌아갈 때는 한 필의 말을 타고 아무것도 지닌 것 없이 숙연히 떠나는 것이다. 이것이 이른바 옛날의 '염리(廉吏)'이다.

그다음은 봉급 외에 명분이 바른 것은 먹고 바르지 않는 것은 먹지 않으며, 먹고 남은 것을 집으로 보내는 것이다. 이것은 이른바 중고시대의 '염리'이다.

그리고 최하의 등급으로는 무릇 이미 규례(規例)가 된 것은 명분이 바르지 않더라도 먹되 아직 규례가 되지 않는 것은 자신이 먼저 전례를 만들지 않으며, 관직을 팔아먹지 않고, 재감(災減)을 훔쳐 먹거나 곡식을 농간하지도 않고, 송사와 옥사를 팔아먹지 않으며, 세를 더 부과하여 남는 것을 중간에서 착복하지 않는 것이다. 이것이 이른바 오늘날의 '염리'라는 것이다.

중국 남송시대의 성리학자인 상산(象山) 육구연(陸九淵, 1139 ~

1193) 의 '상산록'의 일부이다. '상산록'에는 청렴을 세 등급으로 나누어 설명하였다. 최상의 등급은 나라에서 주는 봉급 이외에는 먹지 않는 것이며, 봉급 이외에 명분이 바른 것만 먹으면 중급, 명분이 없어도 관례인 것만 먹는 것은 하급으로 보았다. 당시에는 마지막 염리만 지키더라도 청렴한 공직자의 자세로 보았지만, 현대의 시각으로 보면 중·하급도 부정청탁으로 볼 수 있다.

몇백 년 전부터 공직자의 청렴은 중시됐다. 공직자는 모두 다 청렴하냐고 묻는다면 과거와 현재의 답은 각각 어떻게 나올까? 과거에도 부정한 공직자는 존재했을 것이다. 현재도 마찬가지다. 부정부패한 공직자는 극소수겠지만, 한 사람의 부정부패로 인해 조직전체 공직자를 부정하게 보는 시각이 안타까울 뿐이다. 어떤 이유라도 부정부패가 합리화될 수 없는 이유이다.

공직자는 다양한 업무 환경 속에서 크고 작은 청탁의 유혹에 노출되어 있기 때문에 부정한 길로 들어서기는 한순간이며, 그 과정을 치유하기 위해서는 너무 많은 시간과 노력이 필요하다. 그렇기 때문에 공직자의 청렴이 더욱더 중요시되는 것은 결코 과장된 말이 아니다.

국가와 기관에서 청렴도 향상을 위해 노력을 기울이고 있지만 가장 중요한 것은 개개인의 청렴마인드이다. 청렴 마인드는 인간 내면에 존재하는 감정과 이성 사이에서 본능을 이겨내기 위한 의지력에서 시작한다. 부정부패행위에 직면했을 때 본인의 행동이 어떻게 작용하는지, 그 행동이 어떤 효과를 발휘하는지 생각해 본다면 의지력은 한층 강화될 것이며, 이는 부정부패행위를 방지하거나 억제할 수 있을 것이다.

▲ 1천여명 직원들의 생일축하 편지를 쓰는 모습

누구나 청렴한 사람이 될 수 있지만 아무나 청렴한 사람은 아니다. 부정부패행위의 유혹이 눈앞에 닥쳤을 때 뿌리칠 수 있기는 쉽지 않을 것이다. 개인의 청렴 마인드와 사회 전반의 분위기가 합해졌을 때 부정부패의 유혹에서 손쉽게 벗어날 수 있고, 비로소 청렴한 공직사회가 구현될 수 있다고 확신한다.

필자의 지인인 박석무 다산연구원 이사장은 다산 사상의 핵심은 '공(公)과 염(廉)'이란 두 글자고, '공'은 공익을 위해 공정하고 공평하게 한다는 말이고, 공사의 사(私)를 버리고 공을 가장 앞세우는 것이며, '염'은 청렴함이다."라고 했다. 다산의 500여 권이나 되는 저술의 기반이 바로 공과 염에 관련된 것으로, 다산의 대표 저서인 목민심서는 공직자가 어떻게 공과 염으로 살 것인가를 설명하는 책이라고 서술하였으며, 이것이 지도자의 최고 덕목이라고 강조했다.

공직자의 청렴도 향상을 위해 현재 우리 사회는 여러 가지 정책·제도를 시행하고 있다. 2016년도부터 시행하고 있는 청탁금지법부터 각종 비리·부패 공익신고제도 등으로 국가차원에서 청렴도 향상을 위해 힘쓰고 있다.

우리 동구에서도 지속적으로 반부패 인프라 구축, 청렴역량 강화 및 청렴문화 확산

▲ 출근길에 공직자들과 청렴 캠페인

을 위해 노력하고 있다. 올해부터는 전 직원 청렴나무 손도장 키우기와 청렴실무협의체 및 '우바(우리가 바꾼다)'추진단을 운영하고 있고, 청렴 행사 개최 및 1부서 1청렴시책 1관행 개선과제를 선정하여 추진 중으로 우리 구는 청렴도 향상을 위해 각고의 노력을 기울이고 있다.

청렴도 1등급 달성과 구민들로부터 청렴한 동구로 거듭나고 인정받는 날까지 본연의 임무에 충실한 자세가 그 어느 때보다도 필요하겠다. 공직자의 바른길인 '청렴'을 위해서 말이다.

동구의 '적극행정' 주민들의 희망이 되다

현재 우리 사회는 작년 초부터 시작된 코로나 19 바이러스라는 전례 없는 상황과 더불어 저출생·고령화, 4차 산업혁명 등 시대의 변화와 발전으로 행정 환경 역시 급변하고 있다.

▲ 일과의 절반 이상을 현장에서, 현장이 답이다! (대동천에서)

이러한 대내·외적인 위기를 극복하고 미래를 준비하기 위해 우리 공직자들의 해결 방안은 무엇일까? 필자가 생각하는 그 답안은 공직자 스스로가 사회 문제 해결을 위해 능동적으로 나서는 것이다.

공직자가 공익을 위해 창의성과 전문성을 바탕으로 적극적으로 업무를 처리하는 것을 적극행정이라고 한다. 주민들의 의견을 적극 반영해 정책을 추진한다는 것으로 이는 정책현장의 불편함을 가장 먼저 느끼는 주민들에게서 더 좋은 해결방안이 나오기 때문이다.

우리 구 또한 불편을 호소하는 주민들의 목소리를 흘려듣지 않고 적극적으로 문제를 해결하고자 각종 협업 회의 등을 거쳐 보다 나은 대안을 민생현장으로 되돌려주는 적극행정을 추진하고 있다.

대표적으로 최근 동구 관내 천동3구역 주거환경개선사업 원주민 특별공급 전매 허용에 대한 사례를 들 수 있다. 해당 사업과 관련해 사업 시행자인 한국주택토지공사(이하 LH) 측에서 지난 해 6월 동구 지역이 투기과열지구로 지정된 사실과 함께 개정된 공공주택특별법을 이유로 원주민의 전매행위를 제한한 바 있다. 이에 관련 부서에서는 주민들의 재산권 침해 방지와 정당한 권리 행사를 위해 기반시설이 열악해 민간이 아닌 공공 주도로 추진하는 주거환경개선사업의 특수성을 감안, 해당 건은 관련 법규로 '주택법'이 아닌 '도시 및 주거환경정비법'을 적용하는 것이 타당하다는 의견을 골자로 하는 국토교통부 질의 및 법 해석 요청 등 협의를 거쳐 원주민의 전매가 가능하다는 유권해석을 받은 바 있다.

이외에도 10년 넘게 방치돼 도시 미관을 저해하고 안전사고 발생이 우려되는 지역이었던 성남동 현대오피스텔 관련해 300여 명에 달하는 소유자 파악 및 수차례의 간담회 개최 등으로 해당 지역 정상화를 이뤄낸 것, 그리고 지난해 코로나 19 상황 초기 외국인 유학생 입국이 급증하고 있는 상황 속에서 자가격리 담당 공무원의 업무 효율성을 높이고자 추진한 담당 부서 주무관의 외국인 유학생 맞춤형 자가격리 앱 매뉴얼 개발 등 그 사례는 무수히 많다.

적극행정은 막연하거나 멀리 있는 것이 아니다. 맡고 있는 업무의 크고 작음을 떠나 주민 입장에서 한번 더 생각해보는 것에서부터 출발한다. 동구는 공무원이 자신의 일에 자긍심을 가질 수 있도록 지속적으로 적극행정 우수 공무원을 포상하고, 적극행정에 임하다 발생하는 행정적 실수는 보호해 주는 정책을 펼치고 있다. 감사나 징계가 두려워 규정과 선례라는 두꺼운 외투 속에 움츠러들지 않도록 하기 위함이다.

'국민 눈높이와 기대를 따라가는 행정'이 곧 적극행정이다. 코로나 19 상황 등으로 어려운 나날을 보내고 있는 우리 국민들을 위해 이제는 공직자들이 적극행정으로 보답해야 할 때다.

황청장의 여명정담(黎明情談)과 상담톡·행복톡

우리가 세상을 살아가면서 순간순간마다 생각과 마음, 감정이 통하는 것이야말로 최고의 행복이 아닐까 생각한다, 소통에 목마른 시대이다. 그만큼 작은 것부터 큰 것까지 소통을 향한 갈망 또한 간절하다. 사람을 향한 따뜻한 지식, 대안 없는 비판이 아닌 방향성을 제시하는 것이 현대를 살아가면서 필요충분조건이다.

필자가 생각하는 소통의 필요성은 서로의 오해, 편견 등이 발생하는 것을 최소화하고 풀어 낼 수 있어서 매우 중요하다.

원만한 사회생활이나 직장생활, 혹은 인간관계가 원만해지며 의사소통을 통해 서로의 마음을 확인하고 더 좋은 아이디어나 절충안 들을 만들어 나갈 수 있고 서로를 이해할 수 있어서 과도한 추측이나 불신을 갖지 않게 된다고 믿고 있다.

특히 지방자치시대의 주민과 공무원과의 소통, 관리자와 직원과의 소통 등에 있어서는 구정을 살피는 일부가 아닌 전부라 할 만큼 소통은 인간관계에 있어서 생명력을 불어 넣는 수단으로 비중감이 높아지고 있다.

　필자는 구의원(4선)과 시의원(1선)을 지내면서 이른 아침이나 시간이 되면 지역을 살피며 주민들의 애로사항이나 고충, 사소한 가정사나 신상에 대한 것들을 같이 공유하고 고민하면서 해결책을 모색하여 실마리를 풀어가는 발로 뛰는 소통방법으로 오랜 세월동안 주민들과 같이 해왔다.

　그래서 이런 소통방법을 『황청장의 여명정담』, 『구청장과의 상담톡·행복톡』 등 주민, 공무원 등과 함께 희노애락을 귀 기울이고 공유하는 소통을 공식화하면서 주민소통의 창구로써 많은 호응을 받고 있다.

　여명정담은 1930년대 프랭클린 루스벨트 미국 대통령은 당시 대공황의 고통에 빠진 국민을 마치 벽난로나 화롯가 옆에서 속삭이듯 설득하는 내용으로 대표적 노변정담 사례에서 영감을 얻어 평소 새벽과 아침을 활용해 민생 현장의 방문활동을 상시화한 것으로, 주민소통을 통한 구민 삶 깊숙이 파고들겠다는 의지가 담겨 있다.

　경제활동 인구 증가로 인해 공무원 근무시간 사이 민원 상담 및 정책 제안이 어려운 현실에서, 근무시간 전 새벽·아침을 활용한 효과적인 대민행정서비스로 기관장이 직접 민원 현장을 찾아가는 '황 청장의 여명정담(黎明情談)'을 추진하고 있다.

　소규모 공공시설물, 도로·환경 등 생활기반 시설, 취약계층 주거시설 등 각종 주민 불편사항에 대한 방문 신청 시 구청장과 동장, 관련 부서장, 민원인이 함께 현장을 방문해 실태를 파악하고 해결방안을 모색하게 된다.

　민원에 따른 어려움을 겪는 주민 누구나 신청할 수 있으며, 동 행정복지센터를 방문해 비치된 현장 방문신청서를 작성 제출하면 되고,

이 중 근무시간에 방문이 어려운 곳을 선별하고 일정 조정 과정을 거쳐 현장을 찾아간다.

또한, 직원들의 인사, 승진, 애로사항 등을 구청장과 직접 대화로써 개인신상에 대한 고충이나 희망사항을 해결하는『구청장과의 상담톡·행복톡』을 운영하고 있다. 구청장으로 처음 취임하면서 인사권을 직원들에게 돌려주고 통해 본인이 희망하는 보직이나 부서배치를 구청장의 상담톡·행복톡을 통해 최대한 관철될 수 있도록 직원들의 활용도를 높일 계획이다.

급변하는 정보화시대에 다양한 소통방법이 주변에서 많이 볼 수 있는 현실이다. 하루에도 수없이 접하게 되는 1:1이 아닌 1:∞(무한대)의 모바일 정보, 뉴스 등의 홍수시대에 살고 있지만 현장에서 직접 접하는 주민들의 생생한 말소리, 발소리, 숨소리를 직접 느끼는 것이 진정한 소통이 아닐까 한다.

위기 속 빛난,
새로운 '함께'의 동구

대한민국은 세계 어느 나라 역사보다도 굴곡진 역사를 갖고 있다. 역사상 1천여 번이 넘는 외침과 간섭을 주변 국가로부터 받았고, 일제 탄압과 6·25 동족상잔의 아픔까지 겪은 애환의 민족이다. 그러나 현재는 GDP 세계10위, 군사력 6위 등 세계 속에 당당히 우뚝 서 있다.

전쟁으로 황폐해졌던 침체의 시기를 '한강의 기적'이란 아름다운 단어로 바꾸고, IMF 같은 위기의 순간을 이겨낼 수 있었던 힘의 원동력은 무엇일까?

나는 '함께'라 생각한다.

국민들의 '함께'속, 단합과 동참은 불과 반세기 만에 전쟁 후 폐허였던 나라를 일으켜 세웠고, '금모으기 운동'은 현대판 국채보상운동으로 IMF 극복의 가장 대표적 사례가 됐다.

우리 구는 지난 제헌절 '기적을 만드는 사람들'이란 철도영웅 이야기를 자체 제작한 바 있다. 흔히 6·25 전쟁 영웅을 말하면 맥아더 장군 등을 꼽는데, 빗발치는 총탄에도 군수물자를 수송하고, 피란민을

▲ 집중호우로 유실된 대청호반길 복구작업 현장

이동시키는 등 나라를 위해 전진했던 그들의 뜨거운 마음을 주민들과 공유하고 싶었다. '함께'나라를 구하자는 그들의 뜨거운 희생정신을 말이다.

현재, 코로나19와 집중호우로 국가적인 홍역을 앓고 있다. 우리 동구도 예외는 아니지만, 위기속의 '동화'를 간단히 소개한다.

최근 관내 천동초등학교에서 코로나19 감염사례가 발생한 적이 있다. 국내 첫 교내 감염에다가 초등학교라 매우 우려스러운 상황이었다.

그러나, '함께~!'의 기적은 위기속의 '동화'를 만들었다. 시와 5개 구의 협치로 1,000여 명에 달하는 학생과 교직원에 대한 코로나19 검사를 단 하루 만에 끝냈다. 하루에 200명 정도만 검사가 가능했던 상황에서 모두가 힘을 합쳐 최단 시간 검사를 끝냈고, 우리 노력을 하늘에서 아셨는지 모든 검사자의 음성 판정이란 해피엔딩으로 끝났다. 최악으로 번질 수도 있는 위기의 상황에서 관계기관과의 협치라는 모범 사례가 만들어졌다.

역사상 가장 길었던 올해 장마는 대전에도 많은 피해를 남기며 끝났다. 특히 지난 달 30일 대전에 내린 기습 폭우는 우리 동구의 곳곳에도 아픈 생채기를 냈다. 지하차도 및 주택, 도로 등이 침수, 파손되고 하천변 역시 성하지 못했다.

본인 역시, 예정된 휴가를 취소하고 피해 현장에서 직원들과 동분서주 했지만, 제한된 제반환경에서 이분들의 '함께'가 없었다면 이렇게 빨리 피해복구를 마칠 수 없었을 것이다. 바로 군장병과 자원봉사자들이다.

특히, 930여 명의 군장병은 미니굴삭기, 덤프, 살수차 등 장비를 투입해 평일, 주말 할 것 없이 관내 침수피해 지역 수해복구 활동에 온 힘을 썼다. 이들의 땀 속에 우리 구는 피해지역 복구 작업을 신속히 마쳤고, 주민들은 조속히 일상으로 돌아갈 수 있었다. 이 기회를 빌려 수해 복구에 힘써 준 제32사단 군장병들에게 감사의 말씀을 거듭 전한다.

우리 동구는 불가피한 천재지변은 거스를 수 없지만, 피해를 예방하고, 최소화하는 데 민·관·군의 협력으로 좋은 성과를 거두었다.

길고 길었던 장마가 끝났지만, 새로운 '함께' 동구의 동화는 계속될 것이다. '안전 No. 1 동구~!'를 위해.

청렴사회로 가는 길

청렴이란 사람의 성품과 행실이 높고 맑으며 재물 따위에 탐욕이 없음을 의미한다. 다산 정약용 선생은 청렴은 목민관의 본무요 모든 선의 근원이며 덕의 바탕이니 청렴하지 않고서는 목민관이 될 수 없다고 목민심서에서 말하고 있다. 특히, 공직자의 본분은 청렴에서부터 시작되어야 한다는 선행의 정신을 엿볼 수 있는 대목이다.

요즈음 각종 미디어를 통해 공직자의 비리 관련 소식을 접하게 되고 이로 인해 일반 시민들의 공직사회 전반에 대한 신뢰도는 아직 낮은 상황이다. 맡은 바 최선을 다하고 공직자의 본분을 묵묵히 수행하고 있는 대부분의 공직자들은 이와 같은 이야기를 접할 때마다 감정이 상하는 동시에 마음 한구석이 무겁게 느껴질 것이다. 백번을 잘하다가 한번의 잘못은 엄청난 파문을 가져오며 공직자로서 보다 더 엄격한 잣대가 요구되고 있기 때문일 것이다.

청렴은 공직자가 갖추어야 할 기본적인 덕목이다. 때론 기본을 소홀히 해도 당장 드러나거나 일을 처리하는 데 지장이 없을 수 있다. 가끔은 효율성을 위해 융통성을 발휘해야 하는 경우도 있지만 이 경우도 기본이 없으면 탈나게 된다. 기본이 없으면 오래지 않아 밑천이

드러나거나 기반이 무너지게 되어 있기 때문이다. 그런 의미에서 청렴이라는 기본이 지켜지지 않으면 나라의 기초가 흔들림과 동시에 엄청난 파장을 몰고 올 수 있다.

미국의 범죄학자인 제임스 윌슨(James Wilson)과 조지 켈링(George Kelling)이 사회 무질서에 관한 '깨진 유리창의 법칙(Broken Window theory)을 제시했는데, 쉽게 표현해서 우리나라 속담에 '바늘도둑이 소도둑이 된다'는 얘기다.'

아울러 모든 공직자는 누구나 부패할 수 있는 상황에 놓일 수 있다는 사실을 인지하고 내면적 규율에 따라 비리가 발생할 수 있는 상황을 원천적으로 차단하는 지혜가 필요하다고 하겠다. 청렴은 아무도 알아주지 않는 싸움, 내 양심과의 싸움일지라도 부패 없는 깨끗한 사회로 거듭나기 위해서는 공직자부터 모범을 보이는 자세가 필요하다고 하겠다.

우리 동구는 올해 국민권익위원회 청렴도 평가에서 우수(2등급) 기관으로 선정됐다. 순위가 상위권이라는 자긍심 보다는 러시아의 대문호 톨스토이(Lev Tolstoy)의 '욕심이 적으면 적을수록 인생은 행복하다.'라는 명언에 따라 공직자의 작은 욕심이나 유혹은 시민들의 신뢰를 한순간에 저버리게 할 수 있다는 점을 명심하여, 작은 유혹에도 흔들리지 않고 매사 마음가짐을 갈고 닦는다면 더욱 청렴한 사회 분위기가 조성되지 않을까?

빼앗긴 일상에 '봄'은 온다

해마다 광복절이 있는 8월이 되면 조국 해방을 위해 목숨을 바친 순국선열들이 떠오른다.

지난 15일 여천 홍범도 장군의 유해가 고국으로 봉환됐다. 국민의 한 사람으로서 환영할 일이고 특히 대전 현충원으로 모셔졌다니 대전 시민으로서 뿌듯한 마음 감출 길이 없다.

홍범도 장군이 누구인가? 일본제국주의에 맞서 봉오동전투를 이끌어 대승을 거두는 한편 청산리전투에도 참전해 우리나라의 자주적인 독립에 헌신한 위대한 독립투사이자 애국자이다. 장군은 카자흐스탄으로 강제 이주해 조국의 독립을 보지 못한 채 그곳에 묻혔다가 이번에 유해가 봉환됐다. 그나마 후손으로서 최소한의 도리는 한 셈이다.

한편 아프가니스탄에서는 미군이 철수하자마자 탈레반이 정권을 잡으면서 아프가니스탄 국민들이 불안에 떨고 있다는 소식이 전해졌다. 왠지 이역만리 타국에서 벌어지는 일이 남의 나라 이야기로만 들리지는 않는다. 자유와 평화는 그저 얻어지는 것이 아니라 스스로의 피와 땀이 있어야만 오롯이 지켜지는 것이다.

"지금은 남의 땅 -빼앗긴 들에도 봄은 오는가? 나는 온몸에 햇살을 받고, 푸른 하늘 푸른 들이 맞붙은 곳으로, 가르마 같은 논길을 따라 꿈속을 가듯 걸어만 간다." 일제강점기 민족시인 백아 이상화 선생의 빼앗긴 들에도 봄은 오는가 시의 첫 부분이다. 시인은 일제에 의해 빼앗긴 들, 즉 비참한 조국의 현실을 안타까워하며 언젠간 조국을 되찾을 거라는 희망을 안으며 이 시를 썼다.

코로나19에 의해 빼앗긴 우리의 일상을 다시 되찾기 위해 우리는 오늘도 그동안 누려왔던 자유와 권리를 애써 참아내고 있다. 일제에 맞서 싸웠던 우리 순국선열들과는 비교할 수 없지만 우리도 우리의 빼앗긴 들을 되찾기 위해 감히 고군분투하고 있다고 말할 수도 있겠다.

특히 영세 자영업자들은 코로나19로 인한 피해를 고스란히 뒤집어 쓰고 있다고 해도 과언이 아니다. 이런 어려운 여건 속에서도 인천의 한 피자집 청년 점주가 한 부모 아빠에게 대가 없이 피자를 보낸 아름다운 이야기가 언론을 통해 알려져 많은 이의 눈시울을 적시고 있다.

소식을 들은 많은 뜻있는 사람이 앞다퉈 이 천사 점주에게 소위 '돈쭐'을 내고 있다니 아직은 살만한 세상인가보다.

우리 동구는 지난 9일 취약계층에 추가 국민 지원금 10만 원을 지원하기로 결정했다. 또, 코로나19 확산방지 거리 캠페인을 펼치는 한편 전 직원을 동원해 식당 등 다중이용시설의 방역수칙 준수를 위한 점검 활동도 펼쳤다. 지역의 리더들과 비대면 간담회를 개최해 코로나 사태 장기화로 힘들고 지친 구민들의 애로사항을 경청하는 시간도 가졌다. 하반기 신속집행도 적극 추진해 지역경제가 활성화 될 수 있도록 노력할 방침이다.

희망을 부여잡고 절망을 이겨내자. 굴복하지 말고 극복하자. 혼자서라면 힘들겠지만, '모두와 함께'하기에 그래도 견딜만하다. 이상화 시인이 노래했듯 온 몸에 햇살을 받고, 푸른 하늘과 푸른 들이 펼쳐진 아름다운 일상을 꿈꾸며 그렇게 한 걸음 한 걸음 나아가자.

코로나 속 관광 동구의 '고군분투'

관광업계를 비롯하여 관광지는 2020년 코로나19 팬데믹을 기점으로 많은 변화가 생겼다. 기존의 전통적인 판매방식과 홍보방식에서 벗어나 온라인을 활용한 언택트 관광, VR·AR을 통한 가상현실 기반의 관광문화행사체험, 호텔 및 숙박에 대한 홈쇼핑, 관광상품의 드라이브스루 등 4차 산업과의 융복합을 통한 마케팅 전략을 활용하고 있으며 어려운 상황 가운데 힘겹게 버텨오고 있다.

동구에서는 지난 3월 코로나19의 지역확산으로 제2회 벚꽃축제를 취소하고 대청호 벚꽃길 일원에서 '세상에서 가장 긴 벚꽃길 드라이브 스루로 즐기세요'라는 현수막을 걸고 사회적 거리두기 캠페인을 추진했다. 아쉬움으로나마 이동하면서 벚꽃을 즐길 수 있도록 했고 밤에도 감상이 가능하도록 조명을 설치해 안전한 관광지로 만들고자 노력했다.

지난 7월에는 동구를 대표하는 관광명소인 상소동 산림욕장과 식장산 문화공원, 만인산자연휴양림, 대청호가 '언택트 관광지 100선'에 선정되었다. 코로나19로 인해 집에만 고립돼 정신적으로나 육체적으로 힘든 가운데서도 상대적으로 여유롭고 안전하게 동구 여행을 할 수 있도록 여건이 마련된 관광지를 현장감 있게 유튜브 영상 또는 SNS를 통해 홍보하였다. 또한 선정된 곳에 사회적 거리두기 플래카드와 함께 방역요원을 배치해 오염원을 소독하고 '마스크 쓰기', '옆사람과 거리두기' 계도 등을 통해 안전한 관광을 즐길 수 있도록 하였다.

올여름은 사상 유례없는 코로나19와 수해 등으로 어느 해보다도 어려운 시기였는데, 8월 말 대전관광협회 최철원 회장님을 비롯해 많은 회원분들이 피해복구를 위한 봉사활동을 자원하였고 성금까지 기탁해 매우 감사하게 생각했다. 특히 생존의 위협까지 느끼며 하루하루를 힘들게 보내고 있는 관광업계들의 봉사와 나눔은 코로나19로 고생하는 주민들에게 큰 위로와 희망을 선물한 미담으로 남겨졌다.

가을의 청명한 하늘이 드리워진 9월, 제1회 대전부르스축제를 개최하려 했으나 코로나19의 확산으로 일반적인 공연이나 주민들이 직접 참여하는 거리형 축제를 대신해 영상을 통한 대전역 주변의 역사문화자원을 보여주는 언택트 축제를 기획하였다. 특히 타 지역 선진사례와 동구만의 콘텐츠를 활용해 먹방과 쿡방, 뉴트로 컨셉의 재미있는 축제를 만들고자 노력했으나 중앙시장 등의 지역경제활성화 측면에서 언택트 축제의 효과가 미흡하다고 판단해 최종 취소하는 아쉬운 순간이 있었다. 준비과정을 생각하면 취소하는 것이 아깝지만 그간 만들어낸 기획이 사장되는 것이 아니라 2021년 대전부르스축제의 풍성한 재미를 위해 내실 있게 추진하고자 미리 준비한다는 생각으로 내년을 기약했다.

대청호 국화전시회 또한 마찬가지였다. 매년 늦가을 국화를 보러 대청호를 방문하는 많은 사람들이 있어 추동 일원이 북적였는데 올해는 전시회 행사는 취소하고 대청호 자연생태관 주변에 국화를 전시하여 아쉬움을 달랬다. 국화를 키워 전시하기까지는 많은 시간이 들었지만 관람하는 시간은 이에 비하면 짧은 시간이다. 고생한 만큼 직원들이 보상받지 못한 거 같아 아쉬웠지만 방문하신 분들의 웃음소리를 들으며 조금이나마 위안을 삼는다.

올해를 뒤돌아보니 경험해 보지 못한 일들이 쉼 없이 일어났다. 코로나와 수해가 불행이라면 역세권 개발과 혁신도시 유치, 대청호, 대동하늘공원을 중심으로 하는 관광지 활성화 등에서 큰 희망도 보았다. 여기서 나열하지 못한 크고 작은 일들이 수없이 지나갔다. 그렇지만 이는 모두 경험으로 승화될 것이다. 올해를 경험삼아 내년에 일어날 일들을 대비해 내년에는 더 큰 성과를 이루기 위해 노력할 것이다.

올해 직원들과 주민들 만나는 자리에서 '고생하셨다', '힘내시라'는 말로 위로와 격려를 전하지만 그러기에는 너무나 힘든 한 해를 보내고 있다. 아직도 한 치 앞을 볼 수 없지만 종식을 앞당기고자 모두가 힘을 합해 극복하자. 내성을 키운 관광동구가 앞으로 한 발짝 더 걷는 해가 되리라 믿어 의심치 않는다.

각박한 세상 따뜻한 사업,
주민들이 만들어가는 '관광두레'

'관광두레'를 들어본 적이 있는가? 여러분이 생각하신 것처럼 관광과 두레의 의미가 담겨진 합성어로 생각하는 것이 이 사업을 이해하기 쉬울 것이다.

주민들의 화합과 협동문화의 성장을 의미하며 농업지역 전체에 두레의 공동노동방식으로 확산된 두레는 현대에도 주민들이 주체가 되어 주민들을 위한 사업들을 발굴하고 협동의 형태로 주민공동체 사업으로 변화되어 지역을 발전시켜오고 있다.

관광두레사업은 두레의식을 잇는 관광투어랩으로 주민공동체의 자발성과 협력성을 원칙으로 관광사업체 경영을 지원함으로써 관광의 편익을 주민, 지역과 함께 나눈다는 것을 목표로 한다.

2013년 8월부터 문화체육관광부 주최, 한국관광공사 주관 하에 추진되고 있는 본 사업은 지역주민들이 자발적·주도적 참여하여 지역고유의 특색을 지닌 숙박·식음·여행·체험·레저·기념품 등을 생산·판매하는 주민 관광사업체를 창업하고 이 사업체가 성공적으로 경영할 수 있도록 홍보, 컨설팅 등 밀착 지원하고 있다.

지역의 관광자원들을 활용해 현재 살고 있는 주민들에게 다양한 형태의 컨설팅과 교육, 즉 역량강화를 통해 관광객에게는 볼거리, 먹거리, 느낄거리를 주민에게는 상호 소통의 자원해설과 기념품 판매, 먹거리 제공 등 수익이 돌아갈 수 있는 함께 만들어 가는 주민이 주도해 가는 사업이어서 일거양득의 효과가 있겠다라는 생각이 든다.

우리 동구는 올해 3월 관광두레사업 대상지로 선정되어 박진석(진DOL 여행사 대표) PD의 주도하에 신규 주민사업체 6곳이 발굴되는 성과를 거두었다.

우리 동구 주민사업체를 간단히 소개하자면 대청호 로컬푸드를 활용한 브런치를 개발·판매하는 식음사업장 운영을 내세운 '추동가래울', 중앙시장 한복거리의 버려지는 원단에서 새로운 가치를 부여하는 '수연가', 지역 특색을 살린 관광 굿즈 상품 개발·판매하여 지역 대표명소를 표방하는 '마나 픽', 지역의 여행 안내서비스를 개발하여 동네를 유람 안내자 역할을 하는 '동동유람', 문화예술 콘텐츠 생산으로 지역관광을 활성화하고자 하는 '그림자', 마을에서 생산되는 로컬푸드를 판매할 수 있는 예술카페를 통해 변화를 모색하는 '비름뜰예술촌' 등 6개가 있다.

동구 주민사업체들은 지역 고유의 특색 있는 관광아이템을 발굴하고 연차별로 발전시켜 실제 사업체를 만들고자 팀원들과 선진지를 답사하고 맨토들과 사업계획서를 써보며 경영할 수 있는 능력을 키우고자 열심히 노력하고 있어 그 자체가 동구 전체의 역량 강화에 큰 힘으로 작용하고 있다.

얼마 전 관광두레 주민사업체들과의 간담회를 통해 주민의 애로사항을 듣는 자리에 한 분의 말씀을 공유하며 관광두레사업의 실효성을 전하고 싶다. "전 관광도 모르고 사업도 잘 모르고 나이가 들어 눈도 침침하지만 동네 분들과 함께 답사도 가고 회의도 하고 무엇인가 마을에 활기를 불어넣고 같이 사는 주민들과 함께 이루어 가는 것 같아 너무 좋아요. 청장님 앞으로도 이런 사업, 이런 자리가 많았으면 좋겠네요."

관광두레 사업을 통해 주민들의 이야기를 들으면서 혹시 코로나 때문에 잊혀진 우리 동구 주민들의 열정과 소통을 위해 열심히 뛰어야겠다고 다짐하며 관광두레를 통하여 앞으로 주민주도의 지역관광 생태계 조성을 기대해 본다.

민선7기 동구,
"행복의 파랑새를 찾아서"

틸틸과 미틸은 아픈 딸을 위해 행복의 파랑새를 찾아달라는 마법사 할머니의 부탁을 받고 여행을 하게 됩니다. 하지만 여러 곳을 다니며 찾은 파랑새는 집으로 가져오자마자 죽거나 색깔이 변해 버립니다. 결국 틸틸과 미틸은 파랑새를 찾지 못하고 꿈에서 깨어납니다.

이 이야기는 벨기에 출신의 노벨 문학상 수상자인 마테를링크가 쓴 '파랑새'의 줄거리입니다. 줄거리에서도 알 수 있지만 마테를링크가 말하고자 하는 것은 간단합니다. 행복은 멀리 있지 않다는 것입니다. 틸틸과 미틸이 꿈에서 깨어 머리맡에 놓인 새장 속 파랑새를 보며 행복을 느끼게 된다는 결말 속에서 쉽게 알 수 있습니다.

사람들은 보통 자신이 행복하다고 말하지 않습니다. 지루한 생활에 찌들어 행복을 생각하기가 쉽지 않다고 합니다. 그러면서도 행복해 지고 싶다고 합니다. 열심히 일하고 돈을 많이 벌면 행복해 질 수 있다고 믿으며 일상 속에 자신을 가둬 버립니다.

반면, 우리는 자신이 불행하다고도 생각하지 않습니다. 역시 바쁜 생활 속에서 특별히 불행하다고 느낄 시간이 없습니다. 하지만 재미

있게도 우리가 불행을 느끼게 되는 변곡점이 있습니다. 내가 아닌 다른 사람이 끼어드는 순간입니다.

아무 불평없이 바쁘게 일하다가도 쉬고 있는 다른 사람을 보면 "왜 나만 바쁘게 일하고 있지?"하고 생각합니다. 주말에 영화도 보고 가끔은 가족과 여행도 다니며 즐거웠는데, TV 속 부자들이 멋진 요트 위에서 여름을 즐기는 모습을 보면 왠지 부럽고 질투도 납니다.

철학자 루소는 "당신의 모든 불행은 당신 자신으로부터 생긴다."라고 했습니다. 반대의 이야기도 마찬가지입니다. 결국 행복과 불행은 나 자신의 선택과 노력에 달려 있습니다. 우리가 다른 사람을 부러워하기는 하지만 그것도 자신의 마음과 관계된 일입니다.

민선 지방자치가 시작된 이후 우리 동구에는 많은 일들이 있었습니다. 인구가 30만이 넘기도 했었고, 대전역과 중앙데파트, 홍명상가는 대전을 대표하는 번화가로 여겨졌습니다.

하지만 언젠가부터 인구가 줄고, 도로와 건물은 노후화되고 더 많은 사람들은 동구를 떠나기 시작했습니다. 그 과정에서 서구나 유성구 같은 신도심을 부러워하고 우리 스스로 노력하기 보다는 시나 정부에 무언가를 계속 요구해 왔습니다.

하지만 이제는 스스로 자신의 가치를 높일 수 있는 새로운 변화가 필요한 시점입니다. 그리고 하나의 방법이 동구가 가진 친환경적 잠재력을 지역 발전으로 돌릴 수 있는 '관광산업'입니다.

가수 장범준 씨가 '여수밤바다'라는 노래를 부른 적이 있습니다. 이 노래가 발표된 게 2012년이었는데, 2011년까지 여수를 찾은 관광객은 700만 정도였습니다. 하지만 노래가 발표된 이후에는 두 배가 넘는 1,500만명으로 증가했습니다.

우리 동구는 대청호와 식장산, 남간정사와 우암사적공원 등 천혜의 환경자원과 역사자원을 두루 갖추고 있고, 대전의 관문인 대전역과 복합터미널이 있습니다. 또, 대전의 시발점인 만큼 곳곳에 사람 냄새와 추억, 그리고 이야기가 숨어 있습니다. 이러한 자원을 잘 엮어 아이디어와 결합한다면 그 어느 도시보다 훌륭한 관광 인프라를 조성할 수 있을 것입니다.

특히, 관광산업을 통해 사람이 모이면 지역경제가 활성화되고, 여기서 창출된 부와 경제가 지역 환경을 개선하고 다시금 사람을 불러모아 지역발전의 새로운 동력이 될 수 있을 것입니다.

파랑새, 즉, 행복은 멀리 있지 않습니다. 개인도 그렇지만 도시 역시 마찬가지입니다. 우리 동구민의 행복은 우리가 가진 자원에 새로운 가치를 부여하고 발전시키려 노력할 때 찾을 수 있습니다. 그리고 그 행복은 이미 우리 주위에 있습니다. 민선7기가 그런 행복을 찾을 수 있는 시작이 되길 기대해 봅니다.

코로나 시대 소확행
관광정책

　코로나19 확산과 장기화 국면에 따라 시민들의 삶은 많이 바뀌었다. 상시 마스크 착용, 외출 자제 뿐 만 아니라 주말 외식에서 집밥으로, 대형마트와 전통시장 대신에 온라인 쇼핑을 통한 비대면 택배수령으로, 공연장을 찾기보다는 유튜브에서 랜선공연을 감상하는 등 많은 변화가 있다.

　5월말까지 외교부에 따르면 한국 출발 여행객에게 입국 금지 초리를 내리거나 입국절차를 강화한 국가는 총 182개국으로 집계되었다. 한국 전역에 대한 입국금지 조치는 139개국(중국지역 포함), 격리 조치 9개국, 검역강화 및 권고 사항 등은 34개국이다. 또 사증면제협정 잠정 정지 국가는 56개국이다. 이렇듯 관광목적의 외래관광객의 입국도 힘들어졌으며, 국민들의 해외여행도 힘든 시점으로 코로나19의 확산세를 감안하면 당분간 지속될 것이다.

　국내 관광정책도 기존의 외래관광객 확대 목표에서 벗어나 안전 국내여행 문화 확산을 위한 사업들이 전개되고 있다. 문화체육관광부와 한국관광개발연구원 공동 주최로 7월 1일부터 '대한민국 테마여행

10선' 행사가 지역의 안전한 여행 문화 확산이라는 취지로 진행된다. 국내 여행을 할 때 마스크 착용, 3밀(밀폐, 밀접, 밀집) 피하기, 소규모 여행하기 등 방역 안전 수칙을 지키는 여행자들에게 추첨을 통해 국민관광상품권 등을 지급하는 것이다.

대전 동구에서는 민선7기 전반기가 관광 붐 조성을 위한 시작단계로 관광계획수립과 축제개발, 관광 홍보를 집중해서 추진했다고 한다면 후반기는 다양한 사업을 통해 관광으로 도약하는 시기로 조직을 개편하여 관광문화경제국을 신설하고 이에 발 맞게 다양한 관광사업을 추진하고자 하였다. 하지만 코로나 확산세에 따라 사회적거리 유지와 구민, 방문객들의 안전을 위해 위험성이 있는 축제를 취소하고 정부의 정책에 맞는 안전한 동구 관광정책을 시행중이다.

첫 번째로 기본에 충실한 관광 환경개선 사업이다. 우선 관광지 주변에 편의시설(화장실, 벤치, 데크 등)을 설치하여 방문객들이 처음 왔을 때의 인상을 좋게 하기 위해 대청호와 식장산, 상소동 등 방문객이 많아 쓰레기 투여가 많은 지역은 지도를 제작하여 청결이 유지될 수 있도록 집중 청소를 하고 산책로 주변에 벤치 등을 추가적으로 조성하여 서로 떨어져 편히 쉴 수 있도록 하며 장애우, 임산부 등 노약자들이 데크를 통해 천천히 즐길 수 있도록 하는 것이다.

특히 관광지 주변의 '담소'라는 이름으로 1호에서 6호까지 깨끗하고 스토리가 있는 화장실을 설치하여 인근 주민들과 방문객들에게 편의를 제고하고 있다. 화장실 외벽에 지역의 특색 있는 스토리를 제공하여 큰 호응을 얻고 있다.

두 번째로 관광콘텐츠 동영상 제작을 통해 동구 관광을 온라인으로 홍보하는 것이다. 직접 동구를 오지 않아도 다양한 관광지를 즐길 수 있을 뿐만 아니라 재미있는 스토리를 통해 동구의 정책도 효과적으로 홍보하고 있다. 예로 대청호의 벚꽃을 즐길 수 있는 '세상에서 제일 긴 벚꽃길 구경은 드라이브스루가 대세', '아무노래 챌린지 feat. 만인산휴양림', '대전 캠핑명소 상소동오토캠핑장에서 짜끼남이 나타났다'등 직원들이 직접 출연하거나 기획하여 재미있는 관광홍보 콘텐츠를 생산하여 안전한 동구의 관광지를 홍보하고 있다. 물론 코로나19를 위해 사회적 거리두기 등 생활방역 수칙 준수에 대한 문구를 넣어 홍보하고 있다.

세 번째로 주민들과 함께하는 관광사업 발굴이다. 지난해 동구 공정관광 조례 제정을 통해 주민과 관광객, 사업체가 함께하는 공정한 관광활성화 사업을 지원 준비 중에 있으며, 올해 관광두레 사업선정을 통해 지역민이 관광PD가 되어 주민추진체 관광사업 발굴을 하고 있다. 주민주도로 기획하여 방문객들이 즐길 수 있는 관광프로그램 기획과 사업체 육성을 준비 중이다.

마지막으로, 중앙시장과 협약을 통해 주민들이 생산한 제품들을 사전에 신청하면 구청으로 배송하여 비대면 형태로 판매하는 사업과 대청호 주변의 주민과 민간업체들이 함께하는 마을기업을 설립하여 오지와 동구, 대전역을 잇는 마을버스를 운행할 계획도 있다.

이렇듯 동구는 관광1번지가 되기 위해 일명 소확행(소소하지만 확실한 행복)을 제공하고자 한다. 대형 국책사업이나 인프라 사업도 중요하지만 어려운 때일수록 작지만 기본에 충실한 주민과 방문객들의 체감형 사업 역시 중요하다는 것을 인식하고 있다. 이러한 사업을 통해 바로 드러나지는 않지만 신뢰받고 주변에 추천할 수 있는 관광 동구가 될 것이다.

철도로 이어진 대전의 역사

대전은 삼한시대 마한의 북변지로 신흔국(臣釁國)이었고, 백제의 우술면, 고려 때는 회덕현과 진잠현으로 분리되어 공주 관하에 속하였다. 조선시대에는 회덕군과 진잠군으로 개칭하고 태전이라고 하였다.

오늘날의 대전(大田) 명칭은 1914년 회덕군, 진잠군, 공주군 일부를 폐합하여 대전군 대전면(지금의 인동, 원동, 중동, 정동, 삼성동 : 면적 5.71㎢)을 설치하고 군청을 회덕읍내에서 지금의 원동으로 이전하면서 대전명칭의 효시라 할 수 있다.

1931년에 대전읍으로 승격, 1932년 충남도청 대전이전, 1949년 지방자치제 실시로 대전시로 명명, 1977년 동구, 중구로 분할, 1989년 대전직할시, 1995년 대전광역시로 대폭확장 되면서 1998년 5개구 76개 동으로 현재까지 이어지고 있다.

대전의 생성이나 발전과정에 있어서 중요한 역사적 배경은 1905년(조선 고종41년)경부선 철도가 개통되면서 일본의 거류민들이 이전하기 시작하였고 1914년 경부선에 이어 호남선 철도가 개통되면서 1904년 당시 수십여 가구에 불과했던 외진마을이 급속도로 발전하게 되었다.

 철도와 함께 삼라 상업의 요충지로 지금의 동구지역에는 중앙시장, 인동쌀시장, 한약시장, 인쇄업 등이 발전하였고 중구지역에는 충남도청을 중심으로 대전시청, 세무서, 법원 등 행정기관 및 업무시설들이 몰리면서 한때 대전의 중심지로 발전하였다.

 대전역을 중심으로 최고 전성기에서 하향곡선을 이룬 시기는 1985년 서구 둔산동, 탄방동, 월평동, 만년동 일대에 대규모 도시계획인 둔산 신도시 개발로 지방행정기능 및 국가 중앙행정기능과 백화점 등 업무지구와 상권이 조성되면서 대전의 새로운 도심으로 자리잡게 되면서 대전시청, 충남도청 이전 등으로 주변 업무시설이나 상업시설들이 병행이전 되어 대전의 선도도시, 모태도시는 심각한 도시슬럼화 현상을 겪게 된다.

▲ 처음 시작한 한국전쟁 당시 순직 철도인들에 대한 추도식(구청장이 바뀌면서 중단)

그 동안 중앙이나 코레일, 대전광역시, 해당자치구에서는 원도심활성화 정책이란 공동과제를 안고 도시재생 관련된 도시정비계획, 행정조직개편 등을 통해 활로를 찾으려 각고의 노력을 기울였으나 가시적인 성과는 시민들이 느끼기에는 다소 약했다는 결론이다.

필자는 원도심활성화에 대한 정책의 접근을 역사성과 시대적 배경, 정체성을 최대한 부각할 수 있는 경부선 철도와 함께 대전의 시대적 변천사를 조명하고 한국전쟁 당시의 치열했던 대전지구 전투에서 활약한 윌리엄F.딘 소장 구출작전에서 한국철도기관사들의 영웅적 이야기를 담은 제1·제2 호국철도박물관 유치, 호국역사공원 조성이나

▲ 평화공원을 조성중인 산내 곤룡골에서 유족들과 합동차례

곤룡골 역사추모공원 조성은 필수적인 조건이라 생각한다. 이름하여 역세권개발의 호국철도 프로젝트이다.

또한 식장산 정상에 설치되고 있는 한옥전망대와 내년부터 조성되는 대한민국 제1호 숲 정원, 광역철도망 식장산역 신설을 기반하여 명품으로 변모될 식장산과 이어진 만인산 줄기의 많은 각광을 받고 있는 상소산림욕장, 오토캠핑장을 연결하고 대청호의 천혜자원인 추동선, 회인선을 아우를 수 있는 전국 최장 벚꽃길과 마라톤 대회를 연계한 축제의 재발견, 창의적인 생태관광의 요람으로 탄생될 만인산-식장산-대청호 관광벨트와 대전역 호국철도와의 효과적인 연결도 우리시대의 과제이다.

특히 남북세계평화의 시대가 열렸다. 대전은 철도공사와 철도시설공단이 대전역에 위치하고 있어 두 기관 존재의 강점과 장점을 살린 대작으로 대전-평양-유럽으로 세계철도가 달리는 철도실크로드의 대전 본산이라는 장기적 플랜을 생각하게 된다.

대전의 발원과 경부선철도와의 관계에서 모태도시의 정의를 정립하고 과거 대전발전의 선도적 역활을 해오고 지금은 원도심으로 분류되어지는 대전역개발의 시대적 사명은 필요충분조건으로써의 공식이 성립된다. 여기에 만인산-식장산-대청호의 천혜자원을 우리동구만의 색깔있는 관광자원개발은 대전의 먹거리, 즐길거리, 볼거리를 찾는 위대한 그림이다.

유럽, 러시아, 중국 등에서 철도를 타고 대전역에 내려 철도박물관과 호국철도역사공원을 지나 우암사적공원, 이사동 민속문화마을을 관람하고 만인산-식장산-대청호로 이어지는 패키지 관광상품이 6개월 이상 미리 예약해야하는 때가 오길 기대해본다.

지방자치시대,
새로운 동구의 르네상스를 준비하다

 1995년 제1회 전국 동시 지방선거가 실시된 지 벌써 23년이 되어간다. 진정한 지방분권을 위해서는 아직 갈 길이 멀지만, 우리들의 삶에 지방자치의 이념이 서서히 뿌리내리고 있는 것만은 틀림없다. 주민들의 손으로 직접 단체장과 의원들을 뽑아, 선출된 이들은 자신을 뽑아 준 주민들의 의견을 반영하기 위해 동분서주 뛰며, 주민의 마음을 제대로 보지 못하는 정치인은 선거 시스템을 통해 걸러지게 된다.

 지방자치는 국가운영에 있어서 지역별 차이와 개성의 존중을 이끌어냈다. 각 지역은 저마다 그동안 겪어온 역사나 지역의 위치, 지형 등의 영향을 받으며 독특한 발전경로를 갖게 되는데, 과거 관치 시대의 중앙 통제적인 '통치(統治)' 방식으로는 이러한 지역의 개성을 꽃 피울 수 없었다. 중앙정부에서 내려 보낸 단체장은 지역이 가진 환경을 소홀히 한 채 중앙정부 지침을 수행하는 데 바빴다. 지방자치 시대가 열림으로써 비로소 지역 간의 차이가 경쟁력으로 환영받게 되었다.

현재 광역과 기초를 포함한 전국의 지방자치단체의 수는 243개에 달한다. 수많은 전국의 지자체가 사람들의 발길을 불러 모으기 위해 경쟁을 한다. 각 지자체는 이러한 경쟁에서 우위를 점하기 위해 지역 고유의 특성을 브랜드화 하려는 적극적인 노력이 이어지고 있다. 마치 사람들이 어떤 영화를 볼지 고민할 때 이른바 '믿고 보는 배우'의 출연이 영화에 대한 흥미를 불러일으키는 것처럼, 지역브랜드도 지역 그 자체 또는 지역 상품을 소비자에게 특별한 브랜드로 인식시키고, 결국 지자체에 대한 친밀감과 더불어 신뢰감까지 부여하게 된다.

우리 동구도 역사적 유산, 자연환경 등 지역 고유의 특성을 살려 전국적인 경쟁력을 갖출 만한 지역 브랜드를 깊이 고민하고 있다. 우선 역사적으로 대전의 생성이나 발전과정에서 중요한 터닝포인트가 된 것은 1905년 경부선 철도가 개통이다. 이전까지 수십여 가구에 불과했던 외진마을이 급속도로 발전하게 되었고, 중앙시장, 인동쌀시장, 한약시장, 인쇄업 등이 들어선 상업의 요충지로 발돋움했다. 지금도 동구는 코레일과 한국철도시설공단 본사, 철도 관사촌 등 관련 기관들이 위치해 있어 대전의 발전은 철도의 역사와 함께 했다고 해도 과언이 아닐 정도다.

그동안 중앙정부와 코레일, 대전광역시, 해당 자치구에서는 원도심 활성화 정책이란 공동과제를 안고 도시재생 관련된 도시정비계획, 행정조직개편 등을 통해 활로를 찾으려 각고의 노력을 기울였으나 가시적인 성과는 시민들이 느끼기에는 다소 약했다는 결론이다.

필자는 대전의 역사와 시대적 배경, 정체성을 최대한 부각할 수 있

▲대전역 동광장에 설치된 6·25 전쟁영웅 고 김재현, 현재영, 황남호 기관사 동상

는 경부선 철도와 함께 한국전쟁 당시의 치열했던 대전지구 전투에서 윌리엄 F. 딘 소장 구출작전을 위해 온몸을 던진 故 김재현 기관사의 영웅적 이야기를 우리 지역의 새로운 브랜드로 만들고자 한다. 이를 위해 제1·제2 호국철도박물관 유치, 호국역사공원 조성 등을 통한 역세권개발의 호국철도 프로젝트를 추진하고 있다. 특히 남북세계평화의 시대가 열린 만큼 철도공사와 철도시설공단이 대전역에 위치한 이점을 살려 대전-평양-유럽으로 세계철도가 달리는 철도실크로드의 본산이라는 장기적 플랜을 구상하고 있다.

또한 동구하면 식장산과 만인산, 대청호 등 자연이 빚은 천혜의 환경을 빼놓을 수 없다. 식장산은 현재 완공을 앞둔 정상 한옥전망대와 더불어 내년부터 조성되는 대한민국 제1호 숲 정원, 충청권광역철도망 식장산역 신설 등을 통해 대전의 명산에서 전국적인 관광명소로 성장하기 위한 변화가 진행 중이다. 그리고 식장산과 이어진 만인산 줄기의 많은 각광을 받고 있는 상소산림욕장, 오토캠핑장을 연결하고, 대청호의 천혜자원인 추동선, 회인선을 아우를 수 있는 전국 최장 벚꽃길과 마라톤 대회를 연계한 축제 개최, 창의적인 생태관광의 요람으로 탄생될 만인산-식장산-대청호 관광벨트와 대전역 호국철도와의 효과적인 연결도 우리의 과제다.

 대전의 발원과 경부선철도와의 관계에서 모태도시의 정의를 정립하고 과거 대전발전의 선도적 역할을 해오고 지금은 원도심으로 분류되어지는 대전역개발의 시대적 사명은 필요충분조건이다. 여기에 만인산-식장산-대청호의 천혜자원을 우리 동구만의 색깔 있는 관광자원 개발은 대전의 먹거리, 즐길거리, 볼거리를 확대하고 지역경제를 살찌우는 위대한 그림이 될 것이다.

 필자는 언젠가 유럽, 러시아, 중국 등에서 철도를 타고 대전역에 내려 철도박물관과 호국철도역사공원을 지나 우암사적공원, 이사동 민속문화마을을 관람하고 만인산-식장산-대청호로 이어지는 패키지 관광상품이 나올 것을 상상해본다. 이처럼 철도교통망 중심인 동구가 지역브랜드 개발을 통해 세계를 바라보게 되고, 지역상권의 중심지였던 옛 명성을 뛰어넘는 혁신적인 동구 르네상스의 새로운 지평을 써 내려갈 것임을 확신한다.

2018. 8. 13.

대전역에서 출발하는 희망 실은 열차

　많은 사람들이 영국의 제임스 와트가 증기기관을 발명했다고 알고 있다. 이는 절반은 맞고 절반은 틀렸다. 원래 증기기관은 광업에서 쓰였다. 1693년 토머스 세이버리가 갱도의 깊은 곳에 있는 물을 퍼올리는데 사용되는 양수펌프를 개발했고, 1712년 토머스 뉴커먼이 이를 실용화시켰다. 하지만 토머스 뉴커먼의 증기기관은 열손실이 크고 많은 양의 석탄을 소모하는 등 문제점이 많았는데, 이를 보완하여 진정한 의미의 증기기관을 개발한 사람이 제임스 와트다.

　제임스 와트의 증기기관은 전 유럽에 산업혁명을 불러왔다. 광산에서는 더 많은 양의 석탄을 캐고, 방적공장에서는 기계화를 통해 대량생산이 가능해졌다. 그리고 증기기관차에 차량을 연결하여 대량의 제품을 원하는 목적지까지 빠르게 운송할 수 있게 되었다. 이것이 기차와 철도의 시작이다. 1825년 영국의 스톡턴(Stockton)과 달링턴(Darlington) 사이 약 40km 거리에 세계 최초로 철도가 놓여진다.

　우리나라 철도의 역사는 아쉽게도 일본의 침략의 역사와 그 궤를 같이 한다. 1899년 9월 18일 일본이 경인선 즉, 제물포-노량진 간

33.2km 구간의 철도를 개통한 것이 최초다. 9월 18일은 원래 철도의 날이었으나 일제 잔재라는 비판에 따라 2018년부터 6월 28일로 변경됐다. 이 날은 1894년 대한제국 철도국이 창설된 날이다.

이후 일본은 군사적 목적과 경제 수탈을 위해 본격적으로 철도를 놓기 시작한다. 그리고 서울-부산 간 445.6km 구간의 경부선이 1905년 1월 1일 운행을 시작했는데, 이것이 대전역의 시초다. 이후 대전역은 1914년 호남선 개통을 계기로 삼아 교통의 중심지로 자리를 잡게 된다.

해방이 되고 6.25전쟁이 발발했을 때 대전역은 인민군의 수중에 넘어간다. 그리고 미 24단장인 윌리엄 F. 딘 소장은 포로가 되어 3년간 고초를 겪게 되는데, 휴전과 동시에 석방될 때까지 미군의 군사정보를 적에게 끝까지 넘기지 않았다고 한다. 그리고 김재현 기관사가 딘 소장을 구출해 내기 위해 '미카3 129' 기차를 타고 적진에 뛰어들었다가 미군 특공대 33명과 함께 장렬히 순직하고 만다. 김재현 기관사의 유해는 서울 동작구 국립서울현충원에 모셔져 있고 작전에 투입됐던 기차는 현재 대전국립현충원에 전시 중이다.

이후 우리나라 철도는 경제발전과 더불어 눈부신 발달을 거듭해 왔으며 그 중심에는 대전역이 있었다. 2004년에는 고속철도가 대전을 거쳐 서울과 부산 사이 운행을 시작했다. 2009년에 흔히 쌍둥이 빌딩이라고 부르는 한국철도공사와 한국철도시설공단 사옥이 지어지고, 본사가 이곳으로 옮겨오면서 대전역은 명실 공히 우리나라 철도의 본산 역할을 담당하게 된다.

문재인 정부 출범과 함께 남북정상회담과 북미정상회담 그리고 최근에 평양에서 남북정상회담이 연이어 열리게 되면서 6.25전쟁 발발로 운행이 중지됐던 남북 간 철도인 경의선과 동해선 재개도 주목받고 있다. 파주 임진각에 '철마는 달리고 싶다'라는 표지판이 있는데, 그 염원이 이뤄진다면 유럽까지 철도실크로드를 통해 곧장 연결이 된다.

대전역을 출발한 열차는 유라시아를 거쳐 파리까지 8일이면 도착한다고 한다. 돌아오는 기차엔 아마도 호기심 가득한 유럽의 관광객들이 가득 들어차 있을 것이다. 그들에게 대전은 환상적인 곳이라는 인상을 심어주고 다시 찾게 해야 한다. 그러기 위해서는 지금부터 준비를 서둘러야 할 것이다.

우리 동구는 대전역에 국립철도박물관과 호국철도공원을 조성하고자 한다. 6.25전쟁 당시 고 김재현 기관사의 고결한 희생정신과 윌리엄 딘 소장의 기개를 전 세계인들에게 알리고 대전지구전투와 그 밖에 철도 관련 시설물, 철도의 변천과정을 스토리텔링화 할 계획이다. 아울러 곤룡골 역사추모공원을 통해 전쟁의 참상도 전할 것이다.

동구의 천혜자원인 대청호와 식장산을 활용하여 대한민국 1호 식장산 숲정원과 전국 최장의 26.6km 벚꽃길을 연계하고자 한다. 우암사적공원과 이사동 한옥마을을 잘 활용하여 우리문화의 아름다움을 전 세계에 알리고 싶다. 자연을 한껏 느끼고 즐기며 우리 역사와 전통을 알리는 관광코스 개발을 통해 우리 동구는 관광객들이 그냥 스쳐 지나가는 곳이 아닌 머물고 즐기는 관광지로 거듭나게 될 것이다.

포스트 코로나19, 야간 관광으로 동구의 잠을 깨우자!

대전의 과거와 미래, 남과 북의 허브, 쌍둥이 철도 빌딩이 있는 대전 동구. 얼마 전 '대동하늘공원'이 아름다운 노을과 야경으로 한국 야간관광 100선에 선정됐다. 식장산 한옥 전망대에서 대전 시내를 바라보는 야경 또한 일품이다.

인구 대부분이 경제활동에 참여하면서 소비 패턴이 낮에서 밤으로 변하고 있다. 소비 주체가 소비할 수 있는 시간대, 본인의 취미생활을 영위할 수 있는 시간대, 가족이 함께 할 수 있는 시간대가 저녁 이후임을 고려하여 이제 '밤의 경제'에 주목할 때다. 낮에 이루어지는 경제활동과 규모는 다를지언정 관광 산업을 중심으로 밤의 경제가 지역경제에 미치는 영향은 날이 갈수록 커지고 있다. 소비패턴 변화와 야간활동에 대한 인식 변화에 맞춰 새로운 콘셉트의 관광·문화 콘텐츠를 만들어가야 한다.

밤의 경제를 구체적으로 상품화하기 위해서는, 관광을 산업화해 지역경제 활성화에 접목시키는 스토리텔링 개발이 필요하다. 언론에 보도된 외국 사례를 인용해 보면, 도쿄 하라주쿠에 있는 카페 '카와이 몬

▲ 대전 시가지가 한눈에 들어오는 식장산의 한옥전망대 '식장루'

스터 카페'가 유명하다. 이 가게는 2015년에 오픈했는데, 2017년에만 15만 명의 손님들이 다녀갔다고 한다. 콘셉트, 공간, 스토리를 디스플레이와 서비스, 그리고 요리에 접목해 야간에 특색 있는 볼거리를 원하는 관광객들에게 각광을 받고 있다.

미국 뉴욕의 브로드웨이 뮤지컬 공연은 밤 8시 이후에도 이어지고, 영국 런던에서도 밤늦게까지 뮤지컬 관람과 미술관 전시 관람을 즐길 수 있다.

모든 도시가 밤의 경제를 도입한다고 해서 꼭 성공할 수는 없다. 밤의 경제가 성공적으로 정착하기 위해서는 개성 있는 콘셉트와 스토리가 있어야 하고, 이를 뒷받침할 기반시설이 전제되어야 한다. 밤의 경제가 지역경제 활성화로 연계되기 위해 필요한 선제조건이 대전 동구에 아직 충분하지 않은 것은 사실이다. 쇼나 콘서트를 개최할 수 있는 장소가 적다는 점, 나이트클럽과 라이브하우스(Live House) 등 심야 영업이 쉽지 않다는 점 등이다. 앞으로 어떻게 풀어내느냐가 관건이다. 일단 대전역을 중심으로 버스와 지하철이 모여 있는 지리적 장점을 살려야 한다.

교통이 편리하다는 장점을 활용해 역세권을 중심으로 하는 야간관광의 콘셉트를 '대전 부르스'로 정하는 것은 어떨까. "잘 있거라, 나는 간다. 이별의 말도 없이 떠나가는 새벽열차. 대전발 0시 50분." 대전역에 오면 누구나 흥얼거리는 노래, '대전 부르스'다. 마치 밤의 경제가 관광 산업의 키워드로 떠오를 것을 예견이라도 한 듯하다. 대전발 0시 50분이라는 스토리가 있고, 전국에서 기차를 타고 출발해 내리자마자 만나는 전통시장과 관사촌 카페거리, 대동하늘공원 골목길 투어 등 야경을 중심으로 할 수 있는 프로그램이 있다.

아직은 밤 8시가 되면 문을 닫고 어둑어둑해지는 대전 동구 역세권 일원에, 밤의 경제를 꽃피워야 한다. 전국 어디에서나 어느 시간대도 즐길 수 있는 전통시장을 밤의 경제와 연결할 수 있도록 시장별 테마사업-선술집, 한의약 거리, 인쇄골목, 전통시장 내 다양한 물건 구입, 커피 거리 등을 발굴하고, 전국에서 대전역으로 모였다가 다시 돌아갈 수 있는 프로그램을 준비하면 어떨까.

포스트 코로나19를 대비해, 지역 주민과 관광객을 위한 다채로운 야간 콘텐츠 개발 및 확충이 필요한 시점이다.

평범한 우리가 영웅이 되는 법

올해는 대한민국 정부수립 100주년, 광복 74주년, 6.25 한국전쟁 발발 69년이 되는 해로 특히 6월은 6.6일 현충일, 6.10 민주항쟁일, 6.25 전쟁일, 6.15일 연평해전일 등 우리민족의 마음에 아픈 상흔(傷痕)을 되새기는 호국보훈의 달이다.

1956년 정부와 국가보훈처는 양력 6.6일을 현충일로 지정했다. 예부터 손이 없다는 청명과 한식에는 각각 사초(莎草)와 성묘(省墓)를 하고, 6월 6일 망종(芒種)에는 제사를 지내는 풍습이 전해져 왔다. 또한 고려 현종 5년 6월 6일에는 조정에서 장병(將兵)의 뼈를 집으로 봉송하여 제사를 지내도록 하였다는 기록도 있다. 농경사회에서는 보리가 익고 새롭게 모내기가 시작되는 망종을 가장 좋은 날이라고 생각했기 때문에 6월 6일을 현충일로 정했다고 알려져 있다.

우리역사에는 수많은 전쟁영웅, 호국영웅들이 있다. 나라를 보호하고 진정으로 국민, 백성의 안위를 위해 최선을 다하는 마음으로 임했기에 진정한 영웅으로 오늘날까지 존경과 교훈으로 깊이 자리잡고 있는 것 같다. 또한 소소한 일이라도 공무원들의 직업의식과 사명감이 바탕이 되어 최선을 다할 때 타인(민원인)의 삶에 커다란 기적으로 나타날 수 있다는 것을 명심해야 한다.

"죽으면서 기쁘다. 나는 조국 해방의 첫 번째 선구자가 될 것이다." 안중근 의사의 말씀이다. 1909년 중국 하얼빈에서 이토 히로부미를 저격하고 일본에 체포된 첫 심문대에서 한 말이다. 여기서 필자는 한 번 생각해 보았다. 평범한 사람들인 우리들도 같은 상황이라면 그 분처럼 두려움을 이겨내고 일제에 저항할 수 있었을까. 삶을 버리고 나라를 구하겠다고 한마디라도 내뱉을 수 있었을까.

필자는 안중근 의사 같은 초월적인 존재가 아닌, 우리와 다를 바 없는 평범한 사람들의 이야기, 군인도 아닌 세 명의 철도원이 갑자기 생사를 가르는 역사의 벼랑에 서게 된 이야기를 해보려 한다.

6.25 전쟁 당시 대전전투에서 북한군에 포위되어 포로가 된 미군 24사단장 윌리엄 딘 장군의 구출작전에 대전운전사무소에 재직했던 김재현, 현재영, 황남호 기관사 3명은 미군 특공대원 33명과 함께 1950년 7월 19일 옥천역을 출발하는 기관차 조정간을 잡았다.

대전역에서 4km쯤 떨어진 판암동 골짜기에 이르렀을 때 적의 집중사격으로 김재현 기관사는 사망했다. 현재영 부기관사는 오른팔 관통상과 척추 파편상의 중상을 입고 정신을 잃었다. 황남호 부기관사가 기관차를 몰고 옥천역에 도착했을 때, 33명의 미 특공대원 중 생존 병사는 단 1명뿐이었다.

이 세 명의 철도원들은 군인도 아닌 민간인이었다. 평범한 그들이 왜 기관차를 몰고 적지로 향했을까. 목숨을 걸고 나라를 지켜야한다는 애국심이 물론 있었을 것이다. 하지만 그에 앞서 직업의식과 사명감이 투철한 소명의식이 작용했던 게 아닐까.

김재현 기관사는 딘 소장 구출 작전 시 가슴에 관통상을 입고 사망했다. 황남호 기관사는 1986년에 정년퇴직을 했다. 오른팔과 척추에 중상을 입었던 현재영 기관사는 2년에 걸쳐 4회의 대수술을 받았다. 그리고 전국에서 48번째로 100만km 무사고 돌파 기관사로 1986년에 정년 퇴직했다. 자신이 맡고 있는 일에 끝까지 최선을 다한 분들. 바로 이분들이 영웅이자 호국이다.

호국을 목숨을 바치는 일로 너무 거창하게만 생각하지 말자. 미국의 작가 겸 사회사업가인 헬렌켈러는 '우리가 할 수 있는 최선을 다할 때 우리 혹은 타인의 삶에 어떤 기적이 나타나는지 아무도 모른다'고 했다. 그저 자기 직업에 충실해지자. 호국영웅은 그렇게 대단한 사람만이 할 수 있는 것이 아니다. 김재현 기관사가 딘소장에게 기관사로서 그러했듯이, 오늘 만나는 이들에게 최선을 다한다면, 피곤한 몸을 이끌고 오늘 출근한 당신도 영웅이 될 수 있다.

호국보훈의 정신을 국경에 가두지도 말자. 호국보훈이란 단순히 우리 국경을 지키는 것을 넘어, 내 이웃과 공동체를 지키는 인류 보편의 가치가 되어야 할 것이다. 국경과 인종의 경계가 허물어진 요즘 세상에는 어쩌면 그것이 더 넓은 의미의 호국보훈이 아닐까.

1962년 12월 5일 김재현 기관사가 사망한 대전 동구 판암동 경부선 선로변에 순직비가 세워졌다. 지금도 순직비를 지나는 기차는 기적을 울리며 경의를 표한다고 한다. 그 곳을 지나는 기차를 타게 되면 그분들에 대한 잠깐의 목례만으로도 호국의 향기를 배울 수 있으리라. 그리고 기억하자.

우리도 그들처럼, 평범하지만 위대한 영웅이 될 수 있음을.

3.16 인동 독립만세운동의 역사적 가치를 되새기며

I. 3.16 인동장터 만세운동의 역사적 배경과 의미

1904년 대전역이 경부선철도와 함께 개통, 1914년 호남선 개통이 되면서 충청권의 중심이 공주에서 대전으로 옮겨졌고 일본 거류민, 외지인들이 대전으로 몰리면서 중앙시장을 위주로 인동시장이 거대해졌으며 충청도, 전라도, 경상도 등에서 상권의 핵을 이루는 대전의 대표적인 시장으로 성장되었다.

1919년 3.1운동이 전국적으로 유학과 의기의 도시 대전에서도 독립만세운동의 여파가 전해졌다

당시 인동시장 장터에는 물건을 구경하러 나온 사람들, 가마니를 짜서 파는 사람들, 농사를 지어 쌀을 내다팔던 사람들로 붐볐으며 하소동, 상소동 등 그 당시 산내면 사람들이 주로 쌀을 팔았다고도 한다.

인동장터 만세운동은 1919년 3월 16일 정오 인동 가마니 시장에서 30대 한 청년이 겨울동안 짠 가마니 더미 위에서 태극기를 흔들며 "대

한독립만세"를 외치면서 시작됐다.

20 - 30대 젊은 청년이 중심이 되어 태극기를 나누어주며 행진 대열을 짰고 시장 상인과 다수의 농민들도 참여하여 삽시간에 수백 명으로 불어나 인동일대와 경찰서가 있는 원동을 돌며 만세 함성을 외쳤다.

오후가 지나자 위협을 느낀 일본헌병대와 보병대가 출동하여 진압에 나서면서 무차별 총격으로 수십여 명이 사망하고 부상을 당했다. 이러한 여파로 계속되어 유성과 유천동. 가수원 등 시 외곽지역으로 확산되어 대전지역 항일운동의 기폭제가 됐다.

▲ 인동 만세로광장에서 만세운동 재연할 때 필자의 모습

따라서 역사적 의미가 남다른 3.16 인동장터 만세운동은 앞으로 계승발전되어야하는 모두의 의지이자 자부심의 정점이다.

Ⅱ. 3.16 인동장터, 대전시민 평화의 장으로

100년 전 대전에서 외쳤던『대한독립만세~! 인동장터 독립만세~!!』의 구호열풍은 역사적 사실과 아픔의 선상에서 면면히 내려온 대전시민의 의지이며 불변한 항거정신의 압축이었다.

「3.16인동장터 만세운동 재연행사」는 매년 3.16일마다 독립운동을 기념하기 위해 시행되었으며 올해는 특별히 3.1운동 및 대한민국임시정부수립 100주년을 맞이하여 독립의 횃불, 전국 릴레이 행사와 연계하여 4.2일 인동만세로 광장을 위주로 대전지역에서 확대 추진됐다.

주요행사로 독립의 횃불 릴레이, 독립만세 가두행진, 퍼포먼스 공연 등으로 구성돼 인동장터 만세로 광장에서 대전역, 으능정이거리에 이르는 1.5km 구간으로 이어져, 시민들의 호국지심을 뜨겁게 달궜다.

3월 16일 당일에는 인동 만세로광장 기념벽화 앞에서 기념식과 시낭송, 오카리나, 플래시몹 등 다양한 공연이 펼쳐졌다. 특히 유관순계승문화보존회의 특별한 행사도 진행됐으며 민초들의 항일저항 독립운동의 시발점이 된 3.16인동장터 만세운동의 역사적 의의를 알리고, 나라사랑 정신을 계승하기 위해 2000년부터 대전지역 최초의 만세운동의 재연행사를 이어가고 있다.

Ⅲ. 재현 행사와 현장 재조명으로 역사적 가치를 높이다

민선7기에 들어 3.16 인동장터 독립만세운동의 역사적 가치를 제고하기 위한 주민들의 제안 및 공모사업을 통해 인동 만세로광장에 독립만세 운동 역사를 테마로 한 벽화를 조성하였으며, 만세운동의 유래와 무궁화 태극기를 주제로 한 공중화장실을 설치하는 등 지역

의 독립운동 역사를 담아내기 위해 노력하고 있다.

이런 역사적 의미가 큰 인동장터 만세운동을 기념하고 주민들의 높은 관심에 부응하고자 얼마 전 동구의회에서「3.16 인동장터 독립만세운동 재연행사 확대 시행 건의안」을 발의했다.

그동안 인동장터와 유성장터에서 각각 재연행사를 추진하였으나, 대전지역 3.1운동의 시발점이며 상징성이 높은 인동 만세로광장에서 독립만세 운동 재연행사를 일원화하고, 대전시 행사로 확대 추진할 것을 적극 건의하는 내용이다.

지역별 의례적인 재현행사의 한계를 탈피하여 시민전체의 참여와 관심을 이끌어낼 수 있는 계기를 마련하여 대전을 사랑하는 애향심을 기본으로 나라사랑의 애국심을 드높이는 기회를 만들어 일제에 항거한 3.1운동과 3.16만세운동의 숭고한 의미와 희생당한 우리민족에 대한 후손들이 해야할 최소의 의무감이자 책임감인 듯하다.

이에 대해, 주시중 신인동 주민자치위원장도 "3.16인동장터 독립만세운동은 대전뿐만이 아니라 전국에서도 손에 꼽히는 독립운동이기에, 대전시 대표 역사브랜드 사업으로 확대 시행해 주시기를 절실히 바란다."고 밝혔다.

제주 4.3사건과 동구 산내평화공원

흔히들 제주도의 봄 풍경을 노란 유채꽃과 연분홍 벚꽃이 만발한 절경이라 말하지만, 해마다 4월이 돌아오면 제주도민의 가슴 속에는 겨울 꽃인 동백이 붉게 피어난다. 동백꽃은 제주 4·3사건의 희생자를 상징하는 꽃이다. 희생자들의 영혼이 겨울에 피었다 지는 동백처럼 차가운 땅으로 스러져 갔다는 의미를 담고 있다.

▲ 한국전쟁 당시 민간인들이 산내 곤룡골에서 학살되는 현장 사진

제주 4·3사건은 장장 7년 7개월에 걸쳐 수많은 민간인이 공권력에 희생된 비극의 역사이다. 1947년 3월, 제주읍 3·1절 기념행사에서 국민학생을 포함한 민간인 6명이 무장경찰의 총탄에 사망하는 사건이 발생하였다. 이 발포사건을 기점으로 한 해 동안 2천 5백 명의 도민이 검속(檢束)되었고, 일방적인 탄압에 악화된 민심은 이듬해 4월 3일 무장봉기로 이어진다.

길고 긴 암흑의 시기를 지나 1954년 9월 한라산 금족령(禁足令)이 해제될 때까지 희생된 도민의 수가 무려 2만 5천에서 3만이다. 당시 제주도 인구가 약 28만 명이었으므로 열 명 중 한 명이 목숨을 잃은 셈이다. 확정된 희생자 명단에는 열 살도 안 된 어린이와 예순이 넘은 어르신이 열 중 하나를 웃돈다. 희생자들과 그 유족들이 견뎌 온 고통을 감히 가늠할 수 없다. 가족과 이웃의 참혹한 죽음을 목도하고 정든 고향을 떠나 멀고 먼 타국으로 흩어진 사람들도 많다. 남은 이들은 오랫동안 고문 후유장애와 연좌제에 시달리며 참상의 현장에서 다시 삶을 일으켜왔다. 소설가 현기영은 〈목마른 신들〉에서 "4·3의 슬픔은 눈물로도 필설로도 다 할 수 없다. 그 사태를 겪은 사람들은 덜 서러워야 눈물이 나온다고 말한다."라고 적었다.

작년 6월 대전 산내 곤룡골에서 열린 합동위령제에는 예년처럼 제주4·3 희생자 유족들이 찾아와 돌아가신 분들의 넋을 위로했다. 곤룡골에 잠들어있는 한국전쟁 민간인 희생자 7천여 명 중 3백여 명이 제주도민으로 추정된다. 1948년 4·3 당시 제주도에서 대전형무소로 이감되어 있다가 전쟁 발발 후 학살당한 사람들이다. 다큐멘터리 "세상에서 가장 긴 무덤" 취재에 응한 4·3희생자 유가족 한 분은, 처음 곤룡골에서 발굴된 유골을 보았을 때 아버지의 시신일 수도 있다는 생각에 며칠간 잠을 이루지 못했다며 눈시울을 붉혔다.

올해로 한국전쟁 발발 70주년, 제주4·3사건 72주년을 맞이한다. 전쟁으로 부모님을 잃고 상실 속에 성장한 자녀들의 얼굴에도 이제 주름이 깊어졌다. 그만큼 긴 세월이 지났지만 전쟁이 남긴 상처는 여전히 깊고 생생하다. 아직 시신조차 찾지 못한 희생자들과 숨죽여 지내야 했던 유족들을 위하여 당시 일어났던 사건들의 진상을 명확히 규명하고 명예 회복과 피해 지원을 위해 국가가 끝까지 책임을 다해야 한다.

동구 낭월동에 2024년 완공될 산내평화공원은 이를 위한 노력의 일환으로, 2011년 과거사심의위원회에서 전국 단위 위령시설 조성을 결정한 후 지방자치단체 공모를 거쳐 선정된 사업이다. 2018년 행정안전부와 업무 협약을 체결하고 올해 1월 총사업비가 402억 원으로 증액 확정되었다. 거창, 산청·함양사건 추모공원, 노근리 평화공원과 제주4·3평화공원에 이어 민간인 위령 시설의 의의를 집대성할 평화공원을 계획하고 있다. 산내평화공원은 한국전쟁 초기 공권력에 의해 목숨을 잃은 민간인들의 해원(解冤)을 위한 공간임은 물론, 화해와 상생을 통해 평화를 지켜내고자 하는 우리 모두의 소망을 담아낸 공간으로 조성할 예정이다. 약 11만㎡ 규모의 부지에 추모관, 전시관과 휴식 공간을 조화롭게 배치하여 전쟁을 겪지 않은 후손들도 언제든지 찾아와 평화의 소중함을 배우며 편안히 쉴 수 있는 아름답고 따스한 공원이 될 것이다.

코로나19로 인해 여느 해보다 힘겨운 4월, 말 그대로 춘래불사춘(春來不似春)을 실감한다. 얼어붙은 내수 경기와 악화된 민생 여건 속에 4·3 희생자 추념일을 맞이한 제주도민 여러분께 깊은 위로를 전하며, 돌아가신 분들의 영혼에 평온이 깃들기를 기원한다.

신속집행은 서민들의 버팀목이다
- 불황 극복 위해 모든 행정력 동원해야 -

　1929년부터 시작된 세계 대공황으로 인해 대부분의 공장이 문을 닫았고, 수많은 노동자들이 일자리를 잃었다. 경기 불황이 길어지자 기존 패러다임의 경제학으로는 도저히 해결책이 되지 못했다. 이때, 경제학자 케인즈가 재정정책을 제시했고 미국의 루즈벨트 대통령이 이를 받아들여 펼친 정책이 바로 뉴딜정책이다. 대규모 공공사업을 벌이고, 공공기관을 새로 설치하는 등 정부의 적극적인 확장재정정책은 엄청난 수요를 이끌어 침체된 시장에 활력을 불어넣었고 국가위기를 극복할 수 있었다.

　현재는 코로나19 감염병이 수많은 사람들의 목숨을 위태롭게 하는 데 그치지 않고, 전 세계의 경제를 병들게 하고 있다. 공급 및 수요 부문이 위축되어 회복될 기미가 보이지 않고 있다. 코로나19 확산에 따른 사회적 거리두기로 인해 소비 욕구가 줄어 시장도 침체되고 있다. 이러한 경제 위기 속에서 정부와 지자체가 힘을 모아 적극적인 재정집행으로 위기를 극복해 나가고자 애쓰고 있다.

　예산은 쓰고자 하는 돈을 미리 계획하는 것으로 한 해에 쓰는 돈의

양은 정해져 있고, 사업이 집행이 되지 않으면 그 사업예산은 계속해서 묶여있을 수밖에 없다. 공공부문에서 정해진 계획보다 한 박자 더 빠르게 사업을 진행시키면 돈이 돌아 경기를 부양시킬 수 있다. 한 해의 예산을 경기 회복을 위해 '보다 더 속도감 있고', '그러나 무탈하게' 실시하는 것이 신속집행이다.

일 년은 짧다. 사업부서가 계획된 예산을 부지런히 집행하지 않으면 연말에 급하게 사업을 진행하는 쏠림 현상이 발생할 수밖에 없다. 적절한 계획을 세웠더라도 사업을 진행하는 데에 있어서 여러 행정절차를 거치기 때문에 계획된 시간표대로 집행할 수 있다는 보장이 없다. 정부가 쓰는 돈은 대부분 국민의 세금이고, 국민의 혈세를 허투루 쓰지 않기 위해 여러 전문가의 의견을 듣고, 검토를 거쳐야 되기 때문이다.

예를 들어, 주차장을 짓기 위해서는 토지가 필요하고, 그 토지를 사기 위해서는 반드시 소유주와 협의가 필요하기에 예상치 못한 문제에 봉착할 가능성이 아주 높다. 뿐만 아니라 만약 지하주차장을 짓게 된다면 안전을 위하여 지하 안전영향평가를 거쳐야 한다. 그 외에도 환경영향평가, 교통영향평 등 거쳐야 할 행정절차가 아주 많다. 물론 이 모든 행정절차는 국민의 안전과 예산의 적정한 집행을 위해 꼭 필요함은 두 말 할 나위가 없다.

국민의 안전을 고려하고, 경제적 타당성을 따지기 위한 행정절차를 신속히 처리하기 위해서는 여러 행정기관의 노력이 필요하다. 예산 총괄부서, 계약심사와 적격심사 절차 등을 추진하는 회계부서, 자금 지원을 위한 세무 부서, 그리고 해당 사업을 직접 추진하는 사업부서 모두가 힘을 모아야 한다.

이러한 공공부문에서의 노력이 경제 활성화의 마중물 역할을 하며 결국에는 경기를 부양시킬 수 있다. 특히, 코로나19로 가장 큰 타격을 입은 소상공인, 자영업자들을 비롯한 서민층의 막힌 숨통을 트이게 할 수 있다. 경제의 중심은 결국 서민층이다. 또 경기가 반등하는 국면에서 수요를 대량으로 일으킬 수 있는 경제주체도 가계이고, 서민층이다.

필자는 생각건대, 지방정부가 불황 속에서도 서민들이 쓰러지지 않도록 든든한 버팀목이 되어야 한다. 그러기 위해서는 예산이 허락한 사업이 제 때에 제 기능을 하는 적극적이고 전략적인 신속집행이 아주 중요할 것이다. 코로나19 등 위기에 빠진 지역경제 활성화를 위해 필자를 비롯한 동구의 800여 공직자들은 맡은 바 자리에서 모든 행정력을 집중해 오늘도 최선을 다할 것이다.

'코로나19'와 '기생충'

전 세계가 신종 코로나 바이러스 감염증(코로나 19)에 대한 두려움으로 떨고 있다. 우리나라도 예외일 수 없어 하루가 다르게 늘어가는 확진자 수를 확인해야만 하는 상황이다. 우리나라에서 신종 코로나 바이러스 감염증 사망자는 나오지 않고 있어 불행 중 다행이라고 할 수 있다.

코로나 19와의 사투에 지친 국민들에게 마침 기쁜 소식이 들려왔다. 지난 10일 미국 LA 돌비극장에서 열린 아카데미 시상식에서 봉준호 감독의 '기생충'이 6개 부문 후보에 올라 각본상, 국제영화상, 감독상에 이어 영예의 최우수작품상까지 거머쥐면서 4관왕에 오르는 기염을 토했다. 아카데미상 92년 역사에서 국제영화상(구 외국어영화상)과 최우수작품상을 석권한 것은 세계 최초이며 칸 영화제 황금종려상과 아카데미 최우수 작품상을 동시에 수상한 것은 1955년 이후 64년 만이며 역대 두 번째다.

뿐만 아니라 얼마 전 우리나라의 아이돌 그룹이자 세계적으로 유명한 BTS가 미국 그래미 어워즈에 참석해 인종, 연령, 언어를 모두 뛰어넘은 공연으로 세계인들의 호평을 받은 바 있다. 철옹성처럼 여겨지던 미국의 빌보드 차트 정상을 차지 한 지 한참 지났지만 아직 그래미 어워즈까지는 미치지 못했다. 봉준호 감독의 '기생충'처럼 언젠간 그래미 어워즈에도 입성할 날이 올 것이라 확신한다.

봉준호 감독의 기생충과 BTS는 한류 확산 뿐 아니라 앞으로 엄청난 경제적 파급효과를 낼 것이다. 기생충의 흥행수익은 1,900억에 달한다는데 이는 빙산의 일각에 불과하고 문화 수출과 소비 등 생산유발효과는 엄청날 것이다. 우리나라에 대한 이미지 개선으로 가전제품, 화장품, 휴대전화 등 파급 효과를 따지자면 40조가 넘는다는 계산도 나올 정도다.

이처럼 한 국가에 대한 이미지와 문화의 힘은 엄청나다. 우리 동구도 모태도시답게 전통문화를 계승 발전시키고 관광산업 육성을 통해 새로운 가치의 동구, 새로운 백년의 역사를 열고자 노력중이다. 매년 2월 열리는 대청호반 정월 대보름 행사와 산내동 공주말 디딜방아뱅이 재연행사를 비롯한 대보름 행사는 오랜 역사를 거쳐 전승돼 오며 마을의 안녕과 행운을 빌고 주민들의 결속을 다지는 지역의 대표적인 행사다. 그러나 올해는 코로나 19 여파로 행사를 열지 못해 아쉽다.

또 매년 3월 16일마다 일제강점기 당시 대전지역에서 들불같이 일어났던 인동장터 만세운동을 기려 3.16 인동장터 만세운동 재연행사를 개최하고 있는데 올해는 열지 않기로 결정했다.

조상 대대로 행해져 왔던 마을 고유 의식을 전통 문화유산으로 계승 발전시키는 것도 중요하고 순국선열들의 희생정신을 기리는 행사도 중요하지만 주민들의 안전과 감염증 확산 방지가 더 중요하기에 어쩔 수 없는 선택이다.

지난 10일에는 대전역 맞이방에서 한국철도공사(코레일)와 합동으로 특별방역을 실시하고 복합터미널, 역전 지하상가, 대학가 등을 대상으로 적극적이고 빈틈없는 방역을 실시하고 있다.

아울러 코로나 19로 인해 위축된 소비심리를 진작해 침체된 지역경제를 하루 빨리 활성화하기 위한 대응방안도 마련할 계획이다.

코로나 19를 사전에 차단하고 최대한 빠른 시일 내에 새로운 확진자 없이 마무리 짓는 다면 우리나라의 국격이 한 층 더 높아질 것이다. 또한 전 세계가 우리의 방역 능력에 찬사를 보낼 것이다. 아카데미 시상식에서 봉준호 감독의 기생충에 찬사를 보냈던 것처럼.

3부 저자수필

관광문화 정책을
천지개벽의 매개체로

문화경쟁력을 관광경쟁력으로…

　누군가 오스트리아에 대해 물어본다면 모차르트가 작곡한 '피가로의 결혼'의 아름다운 오페라 선율과 빈 소년합창단을 떠올리는 분이 많을 것이다. 네덜란드하면 고흐의 '별이 빛나는 밤에'의 아름다운 저녁 풍경을, 호주 하면 니콜 키드먼이나 휴 잭맨 같은 유명 헐리웃 배우들을 떠올리는 분이 많을 것이다. 이처럼 문화 예술은 그 나라의 이미지를 만들고 그 나라의 경쟁력이며 지적 수준과 양식을 나타낸다고 해도 과언이 아니다.

　문화에는 그 수준이 있어서 높은 수준의 문화가 낮은 수준의 문화를 잠식하기도 한다. 한가지 예로 만주족은 중국의 청(清) 왕조를 세웠으나 결국 한족 문화에 녹아들어버려 왕조가 무너진 뒤에 그들의 말과 글이었던 만주어는 화석 언어가 되 버렸다. 1천 만 명 내외의 만주족 중에서 만주어를 사용하는 사람은 거의 사라져 버렸다고 한다.

　반면에 일제강점기 우리나라는 일본의 황국신민화 정책에 따라 창씨개명, 조선어 교육 폐지 등 민족말살정책에도 불구하고 우리의 문화와 예술, 말과 글을 고스란히 지켜냈다. 거기서 멈추지 않고 일본제국주의의 무지막지한 총칼과 고문, 투옥의 두려움 앞에서도 그 아름다운 말과 글에 저항과 비판의 목소리마저 담아내었다. 우리의 문화는 그렇게 소중하게 지켜진 것이고 소중히 다루어져야 한다.

90년대 후반 김대중 정부가 들어서면서 일본문화 개방을 시작했을 때 사회 전반적으로 반대의 목소리가 높았다. 일본의 애니메이션이나 영화 등등 대중 문화가 우리보다 월등히 앞서서 우리 문화가 견뎌내지 못할 것이라는 우려였다. 그러나 막상 일본 문화를 개방해 놓고 보니 결과는 전혀 달랐다. 오히려 일본에서 한류 열풍이 불정도로 일본 문화의 영향력은 미미했다. 스크린쿼터 확대도 마찬가지다. 고 노무현 대통령이 한 TV 토론 프로그램에 나와서 토론 참석자에게 "우리나라의 문화 경쟁력에 대해 그렇게 자신이 없냐."고 일갈했던 모습을 많은 이들이 봤을 것이다. 그리고 스크린쿼터를 폐지했지만 역시나 우리나라 영화시장이 엄청나게 커지는 결과를 낳았을 뿐이다.

개인의 자신감이 자기발전의 원동력이듯이 국가경쟁력도 마찬가지다. 국민 한 사람 한사람이 우리 문화에 대한 자신감을 갖게 되면 더 큰 힘과 에너지를 쏟아낼 수 있다. 우리나라 문화가 세계적인 경쟁력이 있다는 공감대 속에서 가수 싸이가 2년 전 사상 최초로 미국 빌보드 차트 2위에 올라섰다. 거기서 멈추지 않고 아시아와 미 본토는 물론 유럽 남미 등 세계 전역에 싸이 붐을 일으켰다. 그리고 얼마 전 방탄소년단은 빌보드 '소셜50'차트에서 최장 기간 1위를 기록하고 있다. 이는 미국의 유명 팝가수 저스틴 비버까지도 제친 기록이다. 사실 평소 필자는 문화 예술 수준을 순위나 기록 등으로 표현하는 것에 다소 불편함을 느끼지만 우리나라의 문화가 전 세계적으로 요샛말로 '인증'을 받은 것으로 여겨져 뿌듯한 기분이 드는 것도 사실이다. 대한민국 국민이라면 아마 다들 비슷한 느낌을 받았을 것이다.

한류의 거대한 물결은 이제 아시아에서만 멈춰서있지 않는다. 유럽을 거쳐 남미를 강타했고 이제 미국도 한류의 영향권 내에 있다. 이제까지는 한국하면 6.25전쟁, 88올림픽, 한강의 기적으로 기억하고 있던 전 세계 사람들이 한류라는 두 글자를 입에 오르내리고 있다. 동경과 부러움의 눈빛으로 보는 사람들도 있다. 또 지금까지는 한류라는 선물 상자에 아이돌 그룹 일색이었지만 이제는 예능, 드라마, 영화 등 문화예술 전반에 걸쳐져 있다. 심지어 음식과 패션까지. 이제 그 누구도 문화산업과 국가경쟁력 사이에 등호 표시를 부정하는 사람은 없다. 이제 세계는 한국을 주목하고, 세계인들은 한국에 몰려들고 있다.

지자체도 이와 같은 세계적인 흐름에 발맞춰 문화와 예술을 장려하여 문화수준을 높여 나가야한다. 동구가 자랑하는 23년의 역사를 가진 동구 고운매 합창단은 매년 연말 정기연주회를 개최하여 지역 주민들의 정서 함양과 음악적 감수성 고양에 큰 역할을 담당하고 있다. 뿐만 아니라 소외계층 위문 공연과 구에서 주관하는 각종 행사 등 때와 장소를 가리지 않고 공연을 열고 있다.

매년 가을이 되면 동구 용운동 대학가에서는 대학로 연합축제가 열린다. 대학로를 중심으로 대학생과 주민이 소통하고 공감할 수 있는 축제를 열고 있다. 문화예술과 평생학습 활성화를 통해서 주민이 맘껏 쉬면서 지적인 욕구를 충족할 수 있는 도서관 등 여가공간을 확충하여 일상에 여유가 있는 문화도시를 구현하고자 한다. 청사 12층 공연장에서는 '화목한 문화산책'을 비롯한 여러 가지 문화행사가 펼쳐진다.

이와 동시에 외국인 관광객을 유치할 수 있는 준비를 해 나가야한다. '어서와 한국은 처음이지' 프로그램에서는 세계 각국의 외국인들이 한국에 대해 갖는 동경과 호기심을 어떻게 우리의 관광 경쟁력으로 바꿀지를 보여주고 있다. 지자체마다 자체적으로 개발한 먹거리, 볼거리, 즐길 거리를 통해 관광객을 유치하고 저마다의 관광 경쟁력을 자랑하고 있다.

　우리 동구는 대전역에 국립철도박물관을 유치하고 6.25 전쟁을 주제로 한 호국 역사공원을 조성하여 대전을 철도의 메카로 이미지 메이킹하여 유라시아로 뻗어가는 철도 실크로드의 본산으로서 역할을 맡게 될 것이다. 이를 통해 대전이 스쳐지나가는 도시가 아닌 머물러서 즐기고 느끼는 관광도시로 만들 계획이다. 대전에서 제일 높은 산인 식장산이 대한민국 제1호 숲정원에 선정됨을 계기로 대청호 26.6km에 달하는 회인선 벚꽃 길과 연계하여 관광명소로 꾸밀 계획이다. 우암사적공원을 인문학 메카로 조성하고 이사동 한옥마을을 세계문화유산에 등재시키는 등 다채롭게 관광자원화 할 계획을 갖고 있다.

　우리나라는 지금까지 어쩌면 섬나라와 같은 조건이었다. 그러나 이제 우리는 철도를 통해 대륙과 연결되어 육로를 통해 유럽까지 왕래할 수 있는 길이 열린다. 그리고 우리 동구는 이에 대비하여 차근차근 준비해 나가고 있다. 유럽의 관광객들이 유라시아 철도 실크로드를 통해 6.25전쟁의 아픔에 공감하고 우리 지역의 전통과 역사에 감탄사를 연발할 날이 머지않았음을 믿는다.

'따스함이 있는 동구 맛집'

　지난주는 매서운 한파와 함께 내린 많은 눈으로 출퇴근길 주민들이 크고 작은 불편을 겪었다. 낮 최고 기온도 영하 10도까지 내려가 동파와 정전 등 일부에서 발생한 사고로 구에서도 장비들을 활용한 제설작업과 함께 비상근무를 실시한 바 있다.
　이런 한파에서는 주민들의 건강과 안전에 대한 염려에 긴장할 수밖에 없고 간혹 소화력과 면역력이 떨어져 며칠 고생하기도 한다. 독자들도 추운 날씨의 이런 경험에 공감할 것이다.
　겨울철 한파를 피해 실내에서 따뜻하게 지내는 것이 필요하지만 건설현장에서 추위를 견디며 일을 하거나 시장에서 물건을 판매하는 등 실외활동하시는 분들은 여건상 어렵기 때문에 종종 건강을 위해 정성이 들어간 맛있고 따뜻한 음식 섭취를 통해 체온상승과 건강을 유지할 수 있는 데 도움이 되기를 바란다.
　종종 즐겨보는 방송프로인 '김영철의 동네한바퀴'에서 작년 9월쯤 '불러본다 대전블루스 - 대전 동구 편'이 방영되었는데 동구의 관광명소 대청호와 대전역 주변의 서민들의 살아가는 이야기, 대동하늘공원에서 추억거리를 보여주는 내용이었다. 여정 중에는 동구의 어느 정감이 가는 식당의 외관과 함께 오천 원으로 얻는 무한 행복 밥상집이 나왔다.

자양동에 있는 '진수성찬'이라는 곳인데, 주변 직장인들과 학생들에게는 따뜻한 한 끼를 먹을 수 있는 곳으로 유명한 곳으로 돈을 남기기보다는 베풀며 인생을 마무리하고 싶다는 사장님의 말씀처럼 행복 밥상을 제공하는 곳이다. 이곳에서 배우 김영철은 따뜻한 인심과 함께 맛있는 한 끼를 먹으며 여정을 마무리하는 장면이 나왔다.

여행에서 음식은 과거에는 일종의 반찬과 같은 역할로 여행을 돋보이게 해주는 역할이었지만 이제는 메인이 되기도 하여 '식도락여행'이라는 하나의 중요한 여행트랜드가 되었다. 전주비빔밥, 여수 갓김치, 대구 막창, 영덕 대게 등 지자체의 브랜드를 나타내는 음식들이 지역을 홍보하는 데 있어 큰 영향을 미치고 있음은 물론이다. 더군다나 지역에서 오랫동안 사랑받는 식당을 찾아 떠나는 여행은 예나 지금이나 시간과 비용에 상관없이 사랑받는 관광자원이 되곤 한다.

우리 동구도 이러한 지역의 맛있는 음식과 함께 특산물까지 포함한 동구 8미(가락국수, 민물새우 매운탕, 칼국수, 포도, 막걸리, 냉면, 만두, 호떡)를 선정하여 홍보하고 있다. 물론 이외에도 많은 먹거리가 있지만, 동구를 대표할 수 있는 음식들을 주민들과 직원들이 직접 투표하고 선정하였다.

예전 대전역 내 기차들이 드나드는 플랫폼에서 먹던 얼큰한 가락국수를 먹기 위해 대전역에 정차한 짧은 시간 동안 도착하자마자 주문하여 김이 모락모락 나는 뜨거운 가락국수를 급하게 먹었던 추억은 대전을 찾았던 중장년층이라면 한번쯤 있을 것이다. 언젠가 대전역 여행자센터를 방문했을 때 오랜만에 대전을 방문한 중년의 부부가 플랫폼에서 파는 가락국수를 이제 어디서 먹을 수 있는지 종종 물어본다던 직원 얘기가 기억이 난다.

한국전쟁 이후 실향민이 대전에 대거 자리 잡았고 미국의 전시 구호물품으로 밀가루가 많이 풀렸다고 한다. 또한 철도교통의 중심인 대전에 밀가루가 모여 전국으로 퍼져나가다 보니 자연스럽게 밀가루 음식이 많이 만들어졌는데 전시 상황인 탓에 제대로 음식을 해먹을 형편이 안 되던 사람들이 손쉽게 한 끼를 해결하고자 가락국수, 칼국수, 만두 등이 유명해졌다는 것을 아직 젊은 세대는 잘 모를 것이다. 이러한 스토리를 기반으로 점차 동구의 다양한 음식들이 널리 사랑받길 바란다.

구에서는 동구8미를 중심으로 다양한 음식들을 소개하는 책자를 발간하여 트래블 라운지와 관광거점, 대전역 등에 비치하였다. 또한 이와 연계되는 관광지를 소개하여 즐거운 미식여행 코스가 되도록 돕고 있다. 사회적 거리두기와 혹한기 추위로 인하여 당장의 방문은 어렵겠지만 미리 동구의 맛집 방문을 계획해 보는 것도 좋을 것이다.

코로나로 힘든 시기, 매서운 한파에 몸과 마음이 움츠러들기 쉽다. 이렇게 어려운 때, 동구에서 따뜻한 한 끼를 통해 조금이나마 위안을 주고 싶다. 오늘 따뜻한 만둣국으로 유명한 그 집이 생각나는 것은 필자뿐 만은 아닐 것이다.

사람 사는 세상,
동구 축제로 힐링 되셨기를…

지난 11월 12일 동구의 중심인 대전 중앙시장 일원의 하상 특설무대에서 과거로 출발하는 증기기관차 퍼포먼스를 시작으로 제1회 대전부르스축제의 막을 열어 3일간 성황리에 마무리 됐다. 이와 함께 같은 기간에 대동천 가든페스티벌이 대동천 일원에 개최되어 관광객에게 볼거리와 즐길거리를 더했다.

정부의 위드코로나 정책에 맞춰 우리 동구는 코로나 종식에 기대는 것 보다는 공존을 통해 공연·예술, 크게는 상권을 되살리기 위해 대전에서 처음으로 위드코로나 행사를 마련했다. 행사장 주변 휀스 설치와 참여자 손목밴드 사용 등 안전을 최우선으로 행사를 준비해 관람객들이 안심하고 행사를 즐길 수 있도록 노력했다.

대전부르스축제는 대전천변과 중앙시장, 한의약·인쇄·중부건어물 특화거리 일원에서 개최됐으며, 대전부르스 타임터널과 방구석 현장 토크쇼를 통해 대전 원도심 일원의 과거와 현재를 조명해 눈길을 끌었으며, 전국레트로 댄스 경연대회, 요절愛통 가요제를 비롯해 부루마블, 추억의 거리 및 놀이 등 방문객이 직접 참여 할 수 있는 프로그

▲ 처음으로 개최한 '대전부루스축제'에서 교복과 교련복장이 등장

램들로 관광객들의 큰 호응을 얻었다.

　뉴트로 7090 축소형 추억의 거리 및 놀이에서는 아이들은 예전의 거리모습을 감상하며 7090 놀이에 푹 빠져 웃고 즐겼으며, 어른들은 어린 시절을 잠시 추억하며 감상에 젖는 모습이 보는 이들을 흐뭇하게 만들었다.

　필자 역시 교복과 모자를 착용하고 주변 상인들과 어울려 사진을 찍으며 흥겨운 음악에 맞추어 복고 댄스를 같이 즐기다 보니 방문객과 스스럼없이 어울리게 되었다.

　대동천 가든페스티벌은 아름다운 대동천변과 함께 도심 속 힐링 페스티벌을 목표로 핸드메이드 물품 판매, 공예품 제작 체험 등 플리마켓과 가을문화버스킹 행사가 마련되었다. 더불어 소제동과 대동을 VR·AR로 체험해보는 스마트 관광부스도 운영했다.

　플리마켓에서는 판매대 마다 손수 만든 가방이나 소품, 악세서리 등 다양한 상품 때문에 지갑을 열지 않을 수 없었다. 오랜만에 많은 분들이 찾아 판매대에 매출도 오르고 덩달아 판매자들의 정 때문에 풍요로운 하루가 됐지만 방역 때문에 준비 못한 먹거리가 못내 아쉬움을 남겼다.

청명한 하늘에 대동천에 비친 풍경은 보는 것만으로 힐링인데 거기에 대동천의 물소리와 사람들의 즐거워하는 모습을 바라보니 다음 참여해야 할 순서조차 잊게 될 뻔했다. 이 얼마만의 사람 사는 풍경이 아닌가? 잃어버렸던 일상을 되찾은 느낌이다.

민선 7기에 들어서 제1회 대청호벚꽃축제를 시작으로 철도유공자 기념식, 대전부르스축제, 대동천가든페스티벌 등 새로운 다양한 축제와 행사로 주민들이 살맛나는 익사이팅 동구를 실현하고 있다. 또한 대청호 벚꽃길마라톤대회에 이봉주 선수를, 대전부르스축제에 이웅종 교수를 홍보 대사로 위촉해 동구의 다양한 축제와 행사를 전국에 널리 알리는데 큰 역할을 하도록 했다.

다가오는 임인년에는 코로나 19가 우리들 곁을 떠나 모두가 마스크를 벗어버리고 환하게 웃는 얼굴로 방문객을 맞이할 수 있길 소망해 본다.

▲ 대전천 목척교 밑에 설치한 대전부르스축제 현장

떠나자,
대청호 오백리 길로…

　누구나 세상을 살면서 숨기고 싶은 기억, 바로잡고 싶은 실수, 씁쓸하고 부끄러웠던 크고 작은 일들을 지우고 새로 쓰고 싶을 때가 있다. 그럴때면 어딘지로 떠나 오로지 나에게만 집중하는 시간과 공간 속으로 숨어들어 가고 싶어 한다. 나만의 숨겨둔 길에서 숨을 고를 수 있는 곳, 대청호 오백리길이 내 곁에 있어 얼마나 다행인지 오늘도 이 길을 먼저 지나간 족적을 따라 나만의 숨겨둔 대청호 오백리길을 걷는다.

　대청호 오백리길은 대전, 충청권 지역 대청호 주변 자연부락과 소하천을 모두 포함하는 약 220km의 도보길이다. 그 중 필자가 가장 좋아 하는 세 구간을 소개해 드리고 싶다.

　먼저 대청호 오백리길 3구간. 마산동 관동묘려 길목에서 1.4km 대청호를 따라 걸으면 미륵원지(彌勒院址 대전시 기념물 41호)에 도착하게 된다. 미륵원은 고려 말 회덕황씨 시조인 황윤보의 아들 황연기가 건립해 운영하던 것을 그 아들인 황수 등 네 아들과 손자 황자 후까지 100여년에 걸쳐 비영리로 운영한 사설 여관이다. 당시 대전지역에는 1개의 역(驛)과 8개의 원(院)이 있었지만 이곳은 공공관리들만 이용할 수 있었고 일반 나그네들에겐 허락 되지 않았다. 미륵원은 이들에게 잠자리와 음식을 무료로 제공하고, 행려자를 위한 구호활동을 벌였다. 미륵원은 대전 최초의 민간 사회복지시설이었다. 대청호 오백리길 3구간에 동구가 꿈꾸는 관광 넘버원, 복지넘버원의 원형이 존재하고 있었다니. 무려 3대에 걸쳐 사회복지를 실천했던 명망 가문의 이야기와 고려와 조선을 관통하며 영호남과 한양을 오갔던 과객의 이야기를 짐작해본다. 고단한 과객과 희망을 잃은 행려자에게 과거의 미륵원과 현재의 동구는 무엇을 주었고, 줄 수 있을지 생각한다.

대청호 오백리길 4구간의 시작은 마산동 삼거리부터다. 추동방면으로 약 500m 걸어 내려가다 호반을 끼고 걸으면 슬픈연가 촬영지가 나온다. 마산동 정류장 삼거리 맞은편 호수변으로 걸어 들어간다. 대청호와 하늘의 불분명한 경계에 아찔한 햇빛이 비춘다. 파란 하늘을 하얗게 물들인 구름이 대청호 수면에 거울처럼 비치면 평온함이 밀려온다. 4구간의 또 다른 하이라이트는 갈대밭길. 흐르는 바람과 흔들리는 갈대가 마음을 감싸 준다. 우리의 삶을 움직이는 것은 거대하고 요란한 무언가라기보다 아주 작은 틈새, 그 틈새안의 흔들림 아닐까.

대청호 오백 리 길 5구간은 역사와 전통의 길이다. 폐 고속도로 옆길 신상동에서 시작해 대청호 수변을 따라 조성된 길을 걸어 300m 걸으면 왼쪽으로 김정 선생의 묘와 재실이 보이는데 백골산성(白骨山城 대전 시 기념물 22호)을 올라가기 직전 둘러보고 가도 좋다. 성의 서쪽으로 는 백제의 계족산성이, 동쪽은 신라의 관산성이, 축조될 당시 신라를 마주보고 앞쪽은 금강이 흐르는 곳. 백골산성은 육로와 수로를 지키는 전략적 요충지였다.

다소 가파른 산길을 올라 백골산 정상에 오른다. 보상 없는 오르막은 없다. 남해의 다도해를 연상시키는 풍경이 한품에 들어왔다. 콧등에 맺힌 땀방울이 식는다. 5구간의 하이라이트답다. 백골산성을 지나 신촌동 절골로 내려와 삼거리를 건너 인근식당 방향으로 걸어간다. 신촌동 반도 끝까지 걸은 후 다시 되돌아 나와 2차선 도로를 걸어 방아실 삼거리까지 걸어 나오면 5구간을 마치게 된다.

사막이 아름다운 것은 샘이 숨겨져 있기 때문이라는 생텍쥐페리 소설 어린왕자의 한 구절처럼, 우리 대전이 아름다운 것도 바로 대청호라는 보석을 품고 있기 때문이다. 이렇게 수려한 대청호의 탁 트인 전경을 가장 가까운 곳에서 느낄 수 있도록 추동 길의 마산동과 오동길 사성동을 잇는 700m 길이의 대청호 관광인도교가 설치된다면 대청호 오백리길은 대전의 대표명소 아니, 세상에서 가장 걷고 싶은 길이 될 것이다.

700m의 관광인도교는 마산동과 사성동 사이에 있는 붕어섬을 연결하는 것인데, 대청호 오백리길 중에서 가장 수려한 호반을 축약한 곳이다. 봉달이 이봉주 선수도 극찬할 만큼, 이 인도교를 활용하면 세상에서 가장 아름다운 마라톤 풀코스가 생겨, 전 세계의 건각들이 대전 동구의 대청호로 몰려들 것이다. 필자가 항시 주장하는 '세상에서 단 하나뿐인 것'을 만드는 것이다.

여행을 한다는 건 길을 걷는 것이다. 결국 마음을 회복하는 과정이다. 서두르지 말고 천천히, 정복하지 말고 이 순간 그대로를 걸어보는 건 어떨까? 동구에는 역사를 만나고, 전통을 생각하고, 낭만을 찾을 수 있는 무궁무진한 길이 있다. 가지고 있는 양말 중에 가장 푹신한 녀석을 골라 신고 운동화 끈을 단단히 동여매자. 걸을 준비를 마쳤다면 떠나보자. 대청호 오백리길, 우리도 미처 몰랐던 그 아름다운 동구 8경의 비경(秘經) 속으로.

언택트 관광 1번지, 동구

지난 6월 한국관광공사와 7개 지역관광공사(RTO)로 구성된 지역관광기관협의회는 국민들이 코로나를 피해 상대적으로 여유롭고 안전하게 국내 여행을 할 수 있도록 '언택트관광지 100선'을 선정 발표한 바 있다.

동구는 8경 중 상소동 산림욕장, 식장산 문화공원, 만인산자연휴양림과 더불어 대청호반(대청호오백리길)까지 4곳이 선정되는 등 코로나19 시대에도 '관광하기 좋은 동구'를 다시 한 번 알릴 수 있는 계기가 되었다.

언택트관광지 선정방법으로 1. 기존에 잘 알려지지 않은 관광지, 2. 개별 여행 및 가족 단위 테마 관광지, 3. 야외 관광지, 4. 자체 입장객 수 제한을 통해 거리두기 여행을 실천하는 관광지 등의 기준 요건을 검토해 선정하였다고 한다.

언택트는 '접촉'을 뜻하는 콘택트(contact) 단어에 반대를 뜻하는 'Un'을 붙인 코로나19 시대에 생긴 신조어 중 하나다. '비접촉'이라는 의미이다. 사람들이 북적이는 일상적인 공간이 아닌 자연을 접하고 넓은 곳에서 쉴 수 있는 대면 없는 비교적 안전한 관광지가 '언택트관광지'인 것이다.

　동구의 언택트관광지를 간단히 소개하자면, 첫 번째는 식장산 문화공원이다. 동구의 아침과 밤을 빛내는 명소로, 597m의 높이의 정상에서 바라본 일출·일몰, 야경은 전국에서 최고의 비경을 자랑하며, 마음속까지 짜릿한 시원함을 준다. 자연생태보전림의 청량함과 함께 한옥전망대에서의 풍경은 감탄을 자아낸다. 주변 구절사·고산사 등 멋스러운 전통사찰도 만날 수 있다.

　두 번째로 내륙의 다도해라는 대청호반은 따뜻한 봄날, 하얀 꽃눈을 맞으며 4월의 크리스마스를 맞이할 수 있는 곳으로 전국 최장(26.6km)의 벚꽃길이 있다. 대청호반을 따라 가다 보면 억새갈대힐링숲길과 대청호 자연수변공원, 슬픈연가 촬영지로 알려진 명상공원 등 명품 힐링 명소를 만날 수 있다. 이 외에도 대청호반에 있는 멋스러운 카페들은 일상에서 벗어나 커피한잔으로 자연에 취할 수 있는 낭만을 줄 수 있을 것이다.

　세 번째로 조선 태조 이성계의 태를 모셨던 천하의 명당 만인산자연휴양림이다. '만 길이나 산이 높거나 깊은 산'이라는 뜻을 가진 만인산은 산세가 매우 수려하고, 대전천의 발원지인 봉수레미골 등 아름다운 산세를 지니고 있다. 만인산은 사계절 언제 찾아 보아도 아름다운 산이지만, 특히 여름에는 지저귀는 새와 매미, 개울물 등의 천혜의 자연소리는 찾는 이들의 귀가 즐거운 힐링 명소로 각광받고 있다.

　네 번째로 상소동 산림욕장은 자연체험과 휴양을 할 수 있는 각종 시설이 조성되어 있고, 수많은 돌탑이 볼거리를 제공한다. 봄에는 야생화와 여름에는 물놀이장, 가을에는 단풍나무 숲길, 겨울에는 얼음동산으로 산책과 휴양을 즐길 수 있다. 최근에는 오토캠핑장 2단계

확장 공사가 끝나 넓은 장소에서 쾌적한 캠핑을 즐길 수 있다.

이번 언택트관광지 100선에는 들지 못했지만 동구에는 벽화가 아름답고 도시의 풍경을 한눈에 감상할 수 있는 대동하늘공원, 송시열 선생이 학문을 닦던 건축미가 뛰어난 우암사적공원, 습지가 아름다워 청소년들의 학습장소로도 안성맞춤인 세천생태공원, 소제동 카페거리와 맞닿은 산책 명소 대동천 등 안전하고도 자유로운 '예비'언택트 관광지도 많이 있다.

지금 코로나19 장기화로 국민들은 만성피로와 스트레스, 사기저하 등으로 힘들어 하고 있다. 이 또한 언제 끝날지 알 수 없기에 더욱 힘든 시기다. 따라서 주말 또는 평일 잠시 시간을 내어 '언택트관광지'에 방문하여 스트레스를 해소하고 힐링 할 수 있기를 바란다.

대청호반의 아름다운 자연 풍광과 만인산 산림욕을 통해 잠시 충전하고 다시 일상의 원동력이 되기를, 그리고 식장산 일출과 함께 코로나19가 종료되기를 간절히 빌어 본다.

'언택트관광지'가 코로나19 시대의 관광트랜드라면 아름답고 따뜻한 자연환경으로부터 또한 주민들로부터 환영받는, 언제든 편하게 방문 할 수 있는 가칭'온(溫)택트 관광지'가 동구 관광 트랜드가 되도록 노력할 것이다.

우리 동구에 찾아온 오복(五福)

"하늘의 세 가지 빛에 응하여 인간 세계엔 오복을 갖춘다."(應天上之三光 備人間之五福), 이 축문은 새로 집을 짓고 상량(上梁)할 때 대들보에 연월일시를 쓰고 그 밑에 적는 글이라고 한다. 더 자세히 그 뜻을 살펴보면 하늘에서는 해와 달, 별의 삼광이 감응해 주시고 땅에서는 오복이 구비되게 해 주시라는 말로 새 집을 짓는 사람들의 염원이 담겨있는 글이다.

예로부터 우리 조상들은 복 받기를 바래왔음을 알 수 있는 대목이다. 복 받은 사람이 행복하다고 여겼기 때문이다. 고로 가장 행복한 삶은 5복을 받은 삶이 아닐까 싶다. 서경(書經) 홍범편(洪範編)에는 5가지의 복이 나온다. 장수(壽), 부(富), 강녕(康寧), 유호덕(攸好德), 고종명(考終命).

이를 풀이 해보면 장수(壽)는 오래 사는 것, 부(富)는 부유하고 풍족하게 사는 것, 강녕(康寧)은 건강한 몸과 여유 있는 마음을, 유호덕(攸好德)은 도덕 지키기를 낙으로 삼는 것, 고종명(考終命)은 병사와 객사를 당하지 않고 사랑하는 사람들 품에서 명을 다하는 것을 말한다.

인간으로서 희망하는 복이 있다면, 도시로서 희망하는 복도 있을 법 하다. 바로 우리 동구가 그렇다. 우리 동구만의 특별한 복으로 '역세권 개발', '달동네 없애기', '활발한 도시정비사업', '대전시립의료원 유치', '돈 버는 동구'가 바로 동구만의 5복이다.

복 있는 도시는 항상 역이 있었다. 우리나라의 수도 서울에는 서울역이, 제2의 도시 부산에는 부산역이, 그 가운데는 대전역이 있었고 이 축을 중심으로 우리나라가 발전해왔다.

대전역세권 개발은 동구 5복중 제 1복이다. 4차 공모 끝에 12년 만에 민간사업자가 선정된 복합2구역 개발사업과 15년 만에 혁신도시의 지정으로 대전의 심장, 대전역을 중심으로 동구 백년대계의 초석을 다져 천지개벽시대의 서막을 열 것이다.

제 2복은 달동네 없애기다. 쪽방촌 도시재생 뉴딜사업으로 과거의 영광인 모태도시 동구의 원도심이 현재의 영광을 기약하고 있다. 이 쪽방촌 달동네를 도시재생을 통해 활성화 시키고 지역균형 발전에 기여하며 전통과 문화 유산의 계승발전을 통해 관광 동구 건설의 견인차가 될 것으로 기대된다.

활발한 도시정비사업이 제 3복이다. 현재 동구는 일곱 곳의 주거환경 개선사업과 열한 건의 재개발 사업, 열네 곳의 재건축 사업 등 다양한 도시정비 사업들이 순항 중이다. 앞으로 기업이 동구에서 활발히 사업을 하고 그 혜택은 우리 동구민, 더 나아가 대전 시민에게 돌아가는 선순환을 통해 서로가 상생하는 복을 만들 것이다.

제 4복은 대전시민 모두가 염원하는 대전시립의료원 유치다. 지역 거점 공공의료를 확충함으로써 취약계층을 위한 의료여건 개선해 코로나19를 비롯해 메르스와 신종플루 등 국가적 재난수준의 감염병

관리에 능동적으로 대응할 수 있는 대전의료원 설립을 희망한다.

마지막 제 5복은 돈 버는 동구이다. 2008년 동구 신청사 및 동 주민센터 청사 건립 등을 위해 539억 원의 지방채를 발행했고, 민선 7기를 맞이하여 남은 채무 110억 원을 당초보다 2년 앞당겨 지난해 전액 상환했다. 나아가 혁신의 바람을 일으켜 그나마 남아있던 부정적인 이미지를 날려버렸으며 '돈 버는 동구, 잘사는 동구'로 전성기를 맞이하고자 역량을 총집중하겠다.

5복을 넘치게 받아 활기차고 살기 좋은 도시로 발돋움하고, 더 나아가 더 큰 동구, 더 큰 대전으로 도약하길 기대해본다.

끝으로, 복 중의 복은 사람을 잘 만나는 복이라 했다. 동구청장으로서 동구민들과 공직자 여러분을 만난 것이 가장 큰 복이다. 800여 공직자와 23만 동구민 여러분께 진심으로 감사의 말씀을 드리고 싶다.

우리 국민 모두 개인적으로의 5복을 마음속에 간직하여 복 받기를 바란다.

낙엽을 밟으며, 우암을 만나다

 낙엽이 걸음마다 발등을 감싼다. 가을이 한껏 물드는가 싶더니, 겨울을 재촉하는 가을비가 내렸다. 가을이 다 가기 전에 번잡한 도심 속, 고즈넉한 가을의 정취를 느낄 수 있는 우암사적공원을 찾았다.
 대전 동구 가양동 65번지 일원에 우암사적공원이 있다. 조선 후기 대유학자인 우암 송시열(1607~1689) 선생이 학문을 닦던 곳. 1991년부터 1997년까지 1만 6천여 평에 장판각, 전시관, 서원 등 16동의 건물을 복원해 사적공원으로 새롭게 탄생했다.
 공원을 들어서면 왼쪽으로 남간정사와 기국정이 있는 공간이 나온다. 송시열이 학문을 익히고 제자를 가르쳤던 장소인 남간정사는 대전시 유형문화재 제4호이다. 뜻은 양지에 흐르는 개울. 대청 밑으로 뒤편 계곡물을 흐르도록 해서 연당에 모이게 했다. 조선시대 별당건축 양식과 정원 조경사에 있어 독특한 경지를 이루는 곳이라 한다. 남간정사 앞을 흐르는 개울에 한참이나 시선을 뒀다. 평화롭고 조용했다.
 기국정은 원래 1654년 송시열이 대전 소제동에 낙향하여 소제방죽

▲ 가을 단풍으로 더욱 수려한 자태를 간직한 우암사적공원

옆에 지은 별당이었다. 선생은 연못에 연꽃을 심고, 건물 주변에는 구기자와 국화를 심었다. 연꽃은 군자를, 국화는 세상을 피하여 사는 것을, 구기자는 가족의 단단함을 의미했다. 송시열은 〈조선왕조실록〉에 3,000번 이상이나 나올 정도로 가장 많이 이름을 올렸다. 네 분의 임금이 56년간 167번을 불렀으나 이에 응한 것이 37번. '동방의 주자'로 칭송되는가 하면 '당쟁의 화신'으로 비난을 받기도 한 송시열. 필자는 우암의 마음을 짐작해본다. 이곳을 찾아온 선비들이 구기자와 국화의 무성함을 보고 기국정(杞菊亭)이라 불렀다 한다. 일제강점기 소제호가 메워지고 건물이 허물어지게 되자 1927년에 이곳으로 옮겨지었다.

  기국정과 남간정사 사이에는 두 그루의 고목이 버티고 있다. 바람, 흔들리는 나뭇잎, 새소리만이 전부다. 그늘과 볕을 번갈아 밟으니 시간은 더욱 더디게 흐른다. 기국정 앞에 한복을 입고 웨딩 사진을 찍는 사람들의 모습이 눈에 들어온다. 이 정도의 배경이면 청혼해도 손색이 없겠다. 예비신부의 얼굴에 환한 웃음이 걸렸다.

유물관에는 송시열의 영정과 그가 사용했던 인장, 효종이 우암에게 북벌을 당부하며 하사했다는 담비털옷, 송시열의 글씨 등이 있어 당시의 역사와 선생의 흔적을 좇을 수 있다. 장판각에는 대전시 유형문화재 1호인 송자대전목판이 보관되어 있다. 우암 선생의 문집과 연보 등을 집대성한 송자대전(宋子大全)을 찍어내던 목판이다.

유물관과 장판각 사이로 난 오름길을 따라 남간사로 향한다. 명정문을 들어서면 선비들의 공부방이 있는데, 모든 일을 명확하게 하고, 마음을 밝고 맑게, 그리고 모든 괴로움을 참고 또 참아야 한다는 뜻으로 이름 지어져 있다. 사적공원 내 남간사에서는 봄, 가을 우암 선생의 제향봉행이 이루어진다.

조선 후기 유교사상을 꽃피운 우암 송시열 선생의 뜻을 기리고 보존하기 위해 우암사적공원이 조성되었다. 박물관에 온 듯 세세히 둘러봐도 좋지만, 선생의 학문의 깊이와 사상을 이해하기 위해 욕심내지 않아도 괜찮다. 이 곳에서 만났던 것들, 바람에 흔들리는 나뭇잎의 모양과 계곡물 흐르는 소리, 연못에 비친 누각의 반영, 가을의 따사로운 볕과 서늘한 그늘만 기억해도 좋다. 분명 알았던 풍경이지만, 알지 못했던 감정들을 느낄 수 있다면, 우리는 각자의 방식으로 우암 송시열 선생과 만난 것일 테니.

동구4경,
상소 산림욕장에서
캠핑하는 하룻밤

　인생은 길고 가을은 짧다. 산천에 색이 스며드는 계절, 아름다운 것만 골라 보기에도 가을은 짧다. 10월의 어느 하루, 창문을 여니 쾌청한 하늘이 쏟아져 들어온다. 모든 것을 다시 시작할 수 있을 것 같은 느낌이 문득 든다면, 동구4경 상소동 산림욕장으로 떠나보는 건 어떨까.

　상소동 산림욕장은 대전 동구 상소동 산 1-1번지에 위치해있다. 본격적으로 여정을 떠나기 전 지도를 펼쳐 지명을 살펴본다. 지도를 보니 상소동과 하소동은 상하가 거꾸로 되어 있다. 하소동이 더 상류이다. 위쪽에 평민이 살고 아래쪽에 양반이 살았는데 양반의 마을에 감히 하(下)라는 글자를 붙일 수 없다 해서 아래쪽이 상소동이 되고 위쪽이 하소동이 되었다는 설도 있다. 마을의 이름을 곱씹으며 그 속으로 들어가 본다.

　산림욕장 입구에는 오토캠핑장이 있다. 현재 많은 방문객이 찾아오는 캠핑장은 이미 완공된 1단계사업으로 1만 6,962㎡ 부지에 차량과 함께 캠핑할 수 있는 사이트가 50면. 적당한 거리에 화장실과 취

▲ 상소동에 위치한 오토캠핑장은 산림욕장을 끼고 있어 인기가 좋다

사장, 온수 사용이 가능한 샤워장을 갖췄다. 또한 2단계사업은 2만 6,228㎡로 지난해 착공되어 조만간 완공예정으로 야영장, 주차장 등 편의시설을 확충한다. 방문객이나 사용자들은 인터넷홈페이지에서 접수를 하는데 주말 예약은 한두 달 밀려 있을 정도로 대전의 대표 캠핑장이다.

상소동 산림욕장에서는 캠핑의 추억까지 쌓을 수 있다. 피워둔 모닥불이 풀썩 무너질 즈음까지, 캠핑 의자에 앉아 옹기종기 모여 마음 속 이야기를 나눈다. 인공조명에 가려 보이지 않던 자연의 빛이 비로소 반짝이고, 별 빛을 해치는 그 무엇도 존재하지 않는 밤. 자연은 그렇듯이 어떤 낯선 이라 할지라도 따뜻하게 품어낸다. 너그러운 산 속, 필자는 든든한 땅 위에 등을 대고 하룻밤 포근히 잠들어 본다.

오토캠핑장에서 데크 다리를 건너 산림욕장으로 들어간다. 길 양쪽, 시원하게 위로 뻗은 메타세쿼이아 나무를 보며 꾹꾹 눌러왔던 일상의 답답함을 떨쳐버린다. 들숨이 상쾌해진다. 길을 따라 걸으니 마음도, 생각도 가지런해지는 것 같다. 산림욕장 곳곳에 조성된 수백 개의 돌탑 덕택에 숲은 완전한 이국의 세계다. 이 돌탑은 이덕상 선생이 2003년부터 쌓기 시작해 2007년에 완공, 시민의 건강을 기원하며 탑을 쌓았다고 한다.

산 중턱에는 산림욕장내 사방댐을 이용해 만든 야외 물놀이장이 있다. 무더운 여름날에 맑은 공기와 새소리를 들으며 시원한 계곡물로 무료 물놀이를 즐길 수 있다. 상소동 산림욕장은 사계절 내내 다채로운 색으로 변모한다. 봄에는 야생화, 여름에는 야외 물놀이장, 가을에는 단풍나무 숲길, 겨울엔 얼음 동산이 우리를 즐겁게 한다. 그리 멀지 않은 곳, 하소동 만인산 푸른학습원과 상소동에 위치한 동구청소년자연수련관이 있어 함께 둘러봐도 좋다. 하소동 친환경단지가 생겨, 최근 4차선 도로 확장중인데 산업단지를 통한 교통량 증가로 어남동 터널 증설이 필요해 보인다.

필자는 지난 21일 산림욕장과 오토캠핑장에서 2019년 마지막 가을 가족캠프에 동참하여 텐트설치, 캠프파이어, 캠핑요리 경연대회에서 동구의 41가족들과 함께 시간을 보냈다. 천혜의 자연경관에서 주민들과 캠핑문화를 접하는 뜻깊은 기회를 누렸다.

특히 이곳은 차를 타고 주마간산(走馬看山)으로 지나가며 보는 풍경에선 알 수 없으리라. 길섶의 작은 꽃들과 갖가지 색을 입은 나무들이 길을 즐겁게 해주는 가을이다. 바쁜 걸음보다 느긋한 걸음으로 상소동 산림욕장과 오토캠핑장에서의 1박 2일을 즐겨보자.

※ 상소문화공원 2단계 : 착공은 2018년 11월, 준공은 2020년 4월말

중앙시장(동구7경), 대전역(동구8경)은 도약의 재시동 중

한 해의 달력이 다 넘어갔다. 그간 정들었던 나이와 이별하고, 한 해 동안 쌓인 기억을 정리해야 하는 때다. 차곡차곡 쌓여 갈 새로운 한 해를 준비하는 12월엔 이별과 만남이 있다. 매일 5만여 명의 발길이 오가는 분주한 활기가 가득한 이 곳, 만남과 이별이 공존하는 대전역은, 어쩌면 12월을 닮았다.

대전역은 1905년 경부선과 1914년에는 호남선 개통으로 대전으로 인구가 유입되고 급속한 도시화가 이루어졌다. 대전의 생성과 발전 과정에 대전역을 빼놓고 얘기할 수 없다. 2004년에는 경부고속철도가 개통되었다. 2009년 대전역 우측에 철도공사 사옥이 위치하면서 대전의 새로운 랜드마크가 되었다. 대전역에 깃든 역사를 구태여 묻지 않아도, 대전역은 대한민국철도의 중심이다.

우리는 대전 블루스와 가락국수로 대전역의 옛 모습을 추억한다. 대전은 호남과 경부선이 갈라지는 이별의 역이었다. 1959년 발매된 노래 '대전발 영시 오십분' 대전 블루스. 당시 선로는 다양하지 않아, 서울에서 목포를 가려면 대전에서 하차한 후 호남선으로 갈아타야

▲ 필자가 수시로 찾는 중부권 최대의 전통시장인 중앙시장

했다. 대전역에서 연인과 헤어지고 이별의 말도 없이 떠나가는 새벽 열차를 바라만 봐야 했던 사람들. 그리고 목포행 완행열차가 정차하는 동안 승객들은 가락국수로 급하게 허기를 달랬었다.

지금도 대전역 근처에서 쉽게 볼 수 있는 가락국수 가게의 유래다. 출출한 배를 달래던 1분 가락국수 판매점이나 기차를 갈아타며 부르던 대전 블루스는 희미해졌지만, 우리가 이어가야할 대전역의 정서임엔 틀림없다.

대전역과 함께 상업의 요충지로 동구에는 중앙시장, 인동쌀시장, 한약시장, 인쇄업 등이 발전했다. 대전역 맞은편, 도로 하나를 건너면 중앙시장이 나온다. 동구 원동에 위치한 중앙시장은 100여 년 역사를 자랑하는 중부권 최대의 전통시장. 30년 넘게 자리를 지킨 가게들이 많다. 대전역부터 대전천까지 이르는 거리마다 헌책방, 건어물, 공구, 생선골목, 그릇도매상, 한의약, 한복거리, 먹자골목 등으로 블록이 나뉘어져 질서정연하게 자리 잡고 있는 현대의 모습이다. 하지만 이곳에서 장사하는 상인들은 아마 오래전 모습 그대로일 테다. 흥정은 기본이고 덤으로 두 손 가득 얹어주니 영락없는 전통 시장. 시간의 흐름에 둔한 도시인에게 제철의 기쁨을 선물하는 전통 시장은 정답다. 최근 들어 예능 프로그램을 통해 유명세가 부쩍 커진 청년몰도 입점해 있다. 시장은 젊고 활발하다.

지금 동구는 새로운 대전 발전의 중심지로 재도약을 준비하고 있다. 원도심과 지역 경제 활성화, 대전의 동서균형 발전을 촉진할 대전역 복합2구역 개발 민간사업자 4차 공모를 추진하고 있다. 동구는 근대 이후로 물류 이동과 교통의 중심이었으나 1990년대 둔산신도시 개발로 업무시설과 공공시설이 이전해 원도심은 쇠퇴기를 걸었다.

지난 9월에 동서관통의 동부선 연결도로가 개통되었고 이젠 원동에서 삼성동까지 철도변 도로가 연결이 된다면 동서남북 횡단이라는 교통의 요충지 틀을 갖추게 될 것이다.

매일 대전역을 오고가는 5만여 명의 발길이 중앙시장으로 이어질 수 있도록 대전역 서광장의 광장살리기 사업을 통해 대전역광장이라 이름하고 버스, 택시승강장을 동광장으로 이전한다면 중앙시장까지 지상으로 걸어서 이동할 수 있게 해보면 어떨까?하는 생각이다.

필자는 지난 칼럼을 통해 식장산, 대청호반, 만인산자연휴양림, 상소동산림욕장, 대동하늘공원, 우암사적공원, 중앙시장, 대전역까지 동구8경을 소개해드렸다. 동구 8경이 간직한 이야기는 수없이 들어도 마주해야 비로소 보인다. 12월이 가기 전, 대전역과 중앙시장으로, 동구 8경으로 발걸음을 서두르자. 어느 계절에 오더라도 후회 없는 발걸음이겠지만.

동구 제4경,
만인산자연휴양림의
가을 향기 속으로

삶은 예상치 못한 곳에서 뒤틀리기도 한다. 마음과 마음이 만나 충돌할 때도 있다. 어떤 마음은 비껴가고 어떤 마음은 그대로 관통한다. 마음을 어루만져주는 것은 일주일의 단 하루 혹은 몇 시간의 좋은 기억들일 것이다. 그리고 그 기억들은 다시 우리를 살아가게 한다. 손을 잡고 걸으면 따뜻한 온기가 느껴지는 가을이 왔다. 뜨거웠던 여름 한 계절을 마감하는 이 시간, 뚜벅뚜벅 자연과 걷고 싶어진다면 만인산자연휴양림에 가보길 권한다.

만인산(萬仞山)은 법정동이 하소동으로 높이가 538m이다. 주차장은 해발고도 350m 되는 곳에서 출발한다. 주차장 입구에 있는 만인산 휴게소에는 호떡을 사러 온 탐방객들이 몰려들지만, 산은 여전히 차분하다.

휴게소 오른편의 탐방 데크로 내려가 분수 연못을 끼고 들어가는 길로 걸어간다. 자연생태로라는 안내판을 따라 숲속 체험 산책로를 들어간다. 올라가다 보면 두 갈림길이 나오는데, 왼쪽은 태조 이성계

▲ 가을의 오색단풍으로 물든 만인산자연휴양림

태실(胎室)로 가는 산책로이고, 오른쪽은 만인루(萬仞樓)를 거쳐 정상으로 가는 산행길이다.

만인산 정상에는 봉화대 터가 남아 있다. 한양에서 전하는 소식을 이곳에서 전라도 방면으로 보냈다. 맞은편 정기봉에서는 경상도 방면으로 신호를 전했다고 한다. 위태로움을 알리던 위병수는 어디가고 구름이 만든 봉화만이 연기처럼 피어올라 있다.

만인산 정상을 뒤로 하고 태조 태실까지 굴참나무와 소나무가 만든 울창한 숲길을 걷는다. 태실 가는 길은 거리가 먼 대신 가파른 길 없는 평탄한 오솔길이다. 만인산 남쪽 양지바른 곳에 조선을 창건한 태조 이성계의 태실을 묻은 석실이 있다. 원래는 함경도 용연지역에 있던 태조의 태를 이곳에 옮기고 태자의 태도 함께 묻었다. 태를 봉인한 뒤 만인산을 태봉산(胎封山)이라고 불렀다. 조선 최고의 명당, 만인산은 나라의 태평성대를 염원하고자 태조대왕과 태자의 태를 안치한 신성불가침의 산, 그리하여 아무리 연료가 귀해도 그 주변에서는 화목을 채취하지 않았다고 한다.

산이 깊으면 골도 깊다고 했던가. 만인산 정상 바로 아래에 봉수레미골이 있다. 봉화 들고 오르는 골짜기라 하여 봉수레미골이라 한다. 만인산의 정기를 품고 사철 물 솟는 샘은 대전천의 발원지다. 대전의 역사를 안고 대전 중심을 가르고 흐르는, 대전 시민에게 가장 친숙한 하천인 대전천은 내년부터 국가하천으로 승격된다.

이제 만인산 초입으로 내려와 여행을 갈무리한다. 만인산 휴게소의 명물인 호떡으로 출출함을 달래본다. 연못 위의 아늑한 공기를 때때로 흔들어 놓는 분수를 바라보며 마시는 커피는 유난히 따뜻하다. 산행으로 서늘해진 몸을 녹여준다. 집으로 갈 시간이다. 여전히 떠나기 아쉽다. 도시를 살아갈 힘을 얻었으니 돌아가야 할 것이다.

여름 가고 가을이다. 산 위로 부서지는 석양을 바라보며 생각해본다. 만인산은 최고의 휴식 공간이며 숲속체험의 장이다. 여유와 치유의 힘이 가득한 곳이다. 그러나 만인산은 거기서 멈추지 않는다. 대전천의 발원지와 태조 태실이 있는 '생명'과 '탄생'의 공간이다.

동구는 대전의 모태도시이다. 식장산과 만인산 줄기의 정기를 받아 대전이 발전할 수 있는 계기를 동구에서 찾을 수 있을 것이다. 길이 340m에 이르는 만인산 추부 폐터널에 세상에서 가장 큰 가상현실(VR)과 증강현실(AR) 체험장의 탄생을 상상해 본다. 오늘 우리가 함께 떠났던 만인산 여행, 부디 꼭 사랑하는 사람과의 추억 쌓기로 직접 해보시기를 바라며.

베이스볼 드림파크 중간 용역결과 환영

동구 주민 여러분, 그리고 800여 공직자 여러분 축하드립니다.

오늘의 이 결과가 있기까지 선상야구장 유치를 위해 발 벗고 나서 주신 동구 주민 여러분들에게 깊은 감사를 드리고 아울러 이나영 동구의회 의장님을 비롯한 의원 여러분 그리고 직원 여러분 수고 많으셨습니다.

그동안 우리 동구는 단순히 동구 발전만이 아닌 대전시 전체의 발전과 위상, 랜드마크로서의 가치 등을 고려했을 때 대전역 선상야구장이 최적지임을 믿어 의심치 않았습니다.

또한 그동안 답보상태에 머물러 있던 대전역세권 개발에 가속도를 내고, 유치에 따른 경제적 파급효과가 타 지역과 비교했을 때 월등히 클 것이라는 기대와 가능성을 가지고 유치활동에 최선을 다해 임했습니다.

오늘 이 같은 결정을 내린 데에는 대전시의 발전과 대전시민의 화합 등 여러 가지 요소들을 깊이 있게 고민해 내린 결정이라고 믿어 의심치 않습니다.

▲ 필자는 대전역에 세계 최초의 선상야구장을 유치하고자 했다

 아울러 원 도심과 대전역세권 개발을 위한 노력은 앞으로도 계속되어야 할 것이며 그것만이 진정 대전시가 발전하는 길이고 대전 시민이 모두 함께 행복할 수 있는 길이라는 점에는 변함없습니다.
 끝으로 오늘 결정이 있기까지 수많은 고뇌의 시간을 보내셨을 허태정 대전시장님과 유치 최적지 조사를 위해 많은 노력을 기울인 용역사에 수고하셨다는 말씀 전해드립니다. 감사합니다.

엄마 걱정, 엄마 생각

오월에는 기형도의 "엄마걱정" 이라는 시를 전해드리고 싶다.

열무 삼십 단을 이고
시장에 간 우리 엄마

해는 시든지 오래
나는 찬밥처럼 방에 담겨
아무리 천천히 숙제를 해도
엄마 안 오시네.

배춧잎 같은
발소리 타박타박
안 들리네

어둡고 무서워
금 간 창틈으로 고요히 빗소리

빈방에 혼자 엎드려 훌쩍거리던,

아주 먼 옛날
지금도 내 눈시울 뜨겁게 하는 그 시절 내 유년의 윗목.

필자가 힘든 일과를 끝내고 어둑해진 시간, 집으로 들어가는 길이면 가끔 읊조리게 되는 애송시이다.

필자의 어머니는 7년 전에 돌아가셨다. 어쩌면 우리는 어머니가 가장 초라하고 쇠약해진 순간에서야 어머니를 제대로 볼 수 있게 되는 것 같다. 그리고 돌아가시고 나니 내가 알지 못했던, 감히 짐작할 수도 없었던 삶을 이제야 가만히 들여다 볼 수 있게 되는 듯하다. 어머니는 강단과 부지런함이 있었다. 어머니는 젊은 시절, 남편과 큰 아들을 국가에 바치고 그 후 40년의 시간을 살아 내셨다. 아들이 학교에서 교편을 잡았으면 했던 어머니는, 지난 20년간 구의원과 시의원을 하며 지방정치인으로 필자가 이전투구 하는 모습에 야속해 하시곤 했다.

하지만 야속함과 불안과 걱정 속에서도 나를 믿어주셨던 것 같다. 날마다 국과 밥을 끓여주시며, 아침마다 살아있는 지방자치 강의를 해주시는 나의 교수님이자, 매일 온 동네를 돌며 청취한 민원거리를 들고 오셔서 밥상머리 송사를 해주시곤 하는 나만의 구의원님이셨고, 내 최고의 보좌관이기까지 하셨다.

사실 살면서 늘 어머니 생각을 하는 건 아니다. 그러나 가끔씩 아내와 아침식사를 할 때면 어머니가 생각난다. 식구들이 한 상에 모이면

늘상 하루 종일 수집했던 민원거리를 꺼내시던 어머니의 모습, 진흙탕같은 정치판에 뛰어든 아들을 걱정하시던 그 모습들이 이제는 추억이 되었다.

어머니께 진흙 속에서도 뻘 속의 진주가 되겠다고 응수하며 전력해 온 필자는 구청장이 되었다. 이제는 어머니께서 세상을 떠나신 뒤 적막해진 집에서 아침을 먹을 때면, 어머니 생각이 많이 난다. 그리고 얼마나 어머니를 사랑했는지 새삼 깨닫게 된다.

목숨을 걸었던 사랑도 세월이 지나면 식게 마련이다. 시간에도 못 견디는 사랑은 어찌보면 대단한 것이 아닌 듯하다. 하지만 어머니에 대한 사랑은 앞서 말한 사랑과 다르다. 오랜 시간이 흘러도 사라지지 않고 세월이 지나도 식지 않고 오히려 붉게 끓어오른다.

떠나간 엄마 생각에 여전히 마음 한 쪽이 아리고 시리다면, 지금 내 곁의 자식 생각에 귀여운 손주 손녀 생각에 당신의 미소가 절로 피어난다면, 지금 내 옆에 있는 가족의 따뜻한 손을 잡고 외출해 보면 어떨까.

가정의 달 5월에는 우리 동구에 다양한 가족행사가 열린다.

초록의 푸르름 같은 아이들과 손주들이 있으시다면, 5일 대전대학교 맥센터에서 열리는 제97회 어린이날 기념 '신바람 나는 동구 어린이날 큰잔치'를 권하고 싶다.

매주 토요일 7시에는 중학생 고등학생 아들 딸 들과 중앙시장과 으능정이 스카이로드 일원에서 열리는 EDM페스티벌도 적극 추천해 드리고 싶다.

누구의 엄마시던지 가장 젊으실 오늘! 대청호 오백리 길도 함께 걸어보고 대동 하늘공원에서 지는 석양을 바라보며, 영원하고 견고한 추억이 될 자물쇠도 걸어보자.

5월은 그래도 좋은 달이니까.

엄마를, 내 가족을 마음껏 그리워하고, 마음껏 사랑해도 되는 그런 달이니까.

아낌없이 주는 나무를 위해

지난 2019년 4월 강원도 동해안 일대에 발생한 사상 최악의 대형 산불! 수천ha에 달하는 산림이 순식간에 불에 타던 그 산불을 우리는 모두 기억한다.

본격적인 영농준비로 화기 취급 횟수가 많아지고 따스한 날씨에 등산객이 증가함과 동시에 계속되는 고온 건조한 날씨로 요즘 같은 봄철 기간이 바로 산불이 가장 많이 발생하는 계절이다.

여느 재난·재해와 같이 산불도 골든타임이 중요하다. 신고 접수 후 한 시간 내에 산불 현장에 도착하여 진화를 시작하는 것을 골든타임이라 한다. 그런데도 한 번 발화된 산불로 인해 훼손되는 것은 이루 말할 수 없다. 산림을 가꾸는 데는 수십 년이 걸리지만 산불로 인한 화마가 휩쓸고 지나간 자리는 모든 생명이 정지되고, 아름다운 산하를 잿더미로 만들어 버린다.

최근 통계자료를 보면 봄철 산불화재의 주요 원인으로 입산자의 실화, 쓰레기 소각과 같이 부주의로 인한 산불이 대부분인 만큼 산불을 예방하기 위해서는 등산객 및 영농인 등의 각별한 주의와 화재예방에 대한 관심이 필요하다. '나 하나쯤이야'하는 안일한 생각에 무심

▲ 만인산자연휴양림

코 버린 담배꽁초나 논·밭 태우기, 불법취사 등의 행위로 발생한 작은 불씨가 큰 화마로 바뀌어 산을 할퀴고 지나가면 그 상처를 치료하는 데 수십 년 길게는 수백 년의 시간이 필요하다.

이 곳 동구에는 대전을 대표하는 식장산과 만인산 등이 있을 뿐만 아니라 대전 내 5개 자치구 중 산림의 면적이 가장 넓다. 어느 누군가에는 삶의 터전이고 즐거움을 주는 소중한 존재인 산림을 산불로부터 지키기 위해 우리 모두 산불을 예방하는 지킴이가 되었으면 한다.

나무의 혁명이라는 말처럼 최근 세계적인 건축 트렌드로 목재가 각광을 받고 있으며 최첨단 목재 건축기술들이 개발되고 나아가 미래

도시에 대한 해답을 목재에서 찾고 있기도 하다.

또한 지구온난화와 기후변화에 대응한 미세먼지 해결책에 대한 답도 숲에서 찾고 있다. 잘 가꾸어진 숲은 방치된 숲에 비해 1ha당 연간 10t의 탄소를 더 흡수하고 14t의 물을 더 저장하는데 이는 2,000cc 승용차가 연간 배출하는 이산화탄소량의 5~7배에 해당하는 양이며, 이산화탄소를 흡수한 나무는 다시 평균 10t의 산소를 생산해낸다고 한다. 다시 말해 도로마다 넘치는 자동차와 아파트 난방, 우리가 부족한 줄 모르고 소비하는 화석 에너지가 배출하는 엄청난 양의 이산화탄소를 나무와 숲이 처리해 주는 것이다. 그야말로 '아낌없이 주는 나무'란 말에 고개가 절로 끄덕여 진다.

어렸을 적 누구나 한번쯤은 읽어봤을 너무나도 유명한 책, '아낌없이 주는 나무' 그 내용을 모르는 사람은 거의 없을 것이다.

사랑하는 소년에게 자신의 무언가를 내어줄 수 있어 행복했던 나무!

하지만 더 이상 내어줄 것이 없다는 마지막 장면은 '건강한 사랑'에 대해 한번 쯤 생각해보게 한다. 따스한 봄날을 보내며 어느 날 문득 다시금 아낌없이 주는 나무의 건강한 사랑에 대해 떠올려본다. 과연 우리는 숲과 건강한 사랑을 하고 있는지 말이다.

여전(如前)할 것인가, 역전(逆轉)할 것인가
- '역전'의 동구, 대전역세권 개발의 신호탄 -

역전(驛前)의 사나이랄까. 최근 전역한 군 장병들의 인증 샷이 화제가 되고 있다. 대전역 앞에 서서 대전역의 '대'를 머리로 가리고 '전역'이란 명칭만 카메라 화면에 나오게 기념촬영을 한 것이 인스타그램 등 SNS에 소개되어 퍼지면서 전역 장병 및 말년 휴가를 나온 군인들이 들러야 하는 '전역 명소'로 대전역이 유명세를 타고 있다고 한다.

대전의 중심은 대전역이다. 1905년 경부선 개통으로 주거, 상업, 행정 기능들이 대전역 인근으로 집중되면서 지금의 인구 150만 광역시로 발전할 수 있는 모태가 되었다. 또한, 1914년 호남선 개통으로 경부선과 호남선의 분기점이 된 대전역은 우리나라 물류 이동과 경제·교통의 중심이 됐고 대전역을 중심으로 중앙로가 형성, 충남도청이 들어섰으며, 1980년대 후반 대전역이 속한 동구의 인구는 35만 명에 육박하기도 했다.

하지만 1990년대에 들어 둔산 신도시 개발로 공공기관, 상업시설,

▲ 마침내 확정된 대전역세권 복합2구역의 민간개발사업 조감도

각종 업무시설 등이 이전·신설되면서 동서 격차와 도심 슬럼화 현상이 가속됐다.

2021년은 동구가 현재 이러한 상황에 대한 역전(逆轉)의 전환점이 될 수 있는 해이다. 1990년대 이후 펼쳐진 전반전의 열세를 딛고 대전 역세권개발을 계기로 동구 부흥의 신화를 다시 쓰게 될 후반전 밑그림은 이미 그려졌다.

국토교통부가 지난 3월 10일 대전 동구 역세권 구역과 중구 선화구역을 '도심융합 특구'로 지정했다. 도심융합 특구는 판교 제2테크노밸리처럼 기업 활동 여건이 우수한 전국 대도시 도심에 개발과 기업

지원 인프라를 복합적으로 구축해 기업과 인재가 모이는 혁신 공간을 조성하는 사업이다. 대전역세권은 지식산업·철도산업 등 지역특화 산업이 중심이 되는 혁신확산공간으로, 선화 구역은 공공부지와 빈집을 활용해 창업공간으로, 두 구역을 연결하는 중앙로 지역은 창업기업이 성장하는 성장엔진 공간으로 구성될 예정이다. 이는 '대전형 뉴딜'의 거점으로 한국판 지역 균형 뉴딜을 선도할 전망이다.

그리고 대전역세권 재정비촉진사업이 최근 중앙투자심사위원회의 지방재정 중앙투자심사를 통과해 사업 추진의 동력을 확보했다. 이 사업은 원동~대동~성남동~삼성사거리 등 대전역 일원 약 92만 3065㎡ 부지에 2025년까지 국비 918억 원, 시비 1464억 원, 민간 927억 원 등 4155억 원을 들여 도로 68개 노선, 공원 8곳, 주차장 2곳을 조성하는 것이다. 중앙1·삼성4구역 재개발 사업 추진과 대전역 북쪽의 주거복지와 도시재생을 결합한 쪽방촌 공공주택 건립 및 대전역세권지구 혁신도시 조성사업도 차질 없이 추진되어, 대전역세권은 새로운 경제 중심지로 과거의 영광을 되찾을 수 있는 전기를 마련했다. 역세권 복합2구역 개발사업 사업자 선정과 혁신도시 지정에 이어 도심융합 특구 선정의 쾌거를 이뤄낸 대전역세권은 대한민국 혁신성장의 메카이자 국가 균형 발전의 성공모델이 될 것이다.

좋은 날만 계속되지 않고, 힘든 날이 영원히 반복되는 것도 아니다. 아직 남은 날이 많다. 우리 동구는 날마다 작은 역전(逆轉)들을 차곡차곡 쌓아왔으니 이제는 대전역(大田驛)의 '대역전(大逆轉)'을 보여줄 때다.

대동천 르네상스로 지역의 활력을

　코로나19가 발생하기 전에는 마치 어르신들께 문안인사 드리듯 주말마다 대전역 동광장에 위치한 호국 영웅인 고 김재현 기관사와 현재영, 황남호 보조기관사 동상을 만나러 갔다. 나라를 위해 위험을 무릅쓴 철도영웅들을 추모하고 동상 주변을 살핀 후 대동천을 산책하는 것으로 한주를 마무리 하곤 했다.
　최근에도 틈틈이 사회적 거리를 준수하면서 대동천의 운치를 느끼고자 산책을 하곤 하는데 각종 아름다운 꽃들이 어우러져 특히 아름답다. 대동천 너머의 소제동 관사촌 단층집과 골목길 등 소박함과 옛스러움이 어울리면서 그 문화적 가치가 높은 것은 말할 필요도 없다. 대동천변에서 징검다리를 건너다 흐르는 물을 바라보면 그간의 어려웠던 일에서 벗어나 구정 정책과 관련된 혁신적인 아이디어들이 떠오른다.
　'걷기의 인문학(저자 리베카 솔닛)'이라는 책에는 가장 철학적이고 예술적이며 혁명적인 인간의 행위가 '걷기'라고 예찬했다. 인간의 가장 기초적인 행위지만 천천히 걸으며 무심히 지나쳤던 것을 새롭게 발견할 수 있는 계기가 되기도 한다. 고대 그리스의 철학자 아리스토

▲ 주민들에게 천혜의 친수공간으로 돌아온 대동천

텔레스는 걸어 다니며 제자를 가르치기도 했으며, 우리나라 역대 왕들은 이러한 걷기, 산책을 통해 국정 업무를 구상하기도 했다.

'마음은 풍경이고 보행은 마음의 풍경을 지나가는 방법'이라는 문구에서 산책은 마음의 여행이자 느긋한 관광으로 인식된다. 또한 최근 각광받고 있는 슬로시티 운동의 광의적 개념까지도 포함될 수 있다고 여겨지며, 이러한 추세에 맞추어 대동천을 구민들의 여가 공간이자 관광객들의 느린 관광지로 개발 하고자 한다.

대동천은 대전광역시 동구 식장산 기슭에서 발원하여 북서쪽으로 흘러 판암동, 신흥동, 대동을 지나고 소제동에서 가양천과 합쳐져 서쪽으로 방향을 바꿔 흐르다가 삼성동에서 대전천과 합류하는 길이 4.5km의 지방 하천이다.

1907년 일제 강점기 당시, 대전신궁을 건설하기 위해 소제호를 메우고 수로 변경 공사를 하여 조성한 인공하천이다. 이후 대전역 친환경 하천조성과 함께 제방에 식재를 하여 아름다운 천변 풍경의 힐링 공간을 제공하고 있다.

대동천 주변을 보자면 대전역 앞은 정동 쪽방촌 도시재생 뉴딜사업과 역세권 개발사업, 소제동 도시 재개발, 대동 재건축 등 다양한 변화가 있을 것이다. 아울러 혁신도시 입지와 함께 낙후된 구도심에서 새로운 원도심으로 탈바꿈하며 대전을 이끄는 성장 동력이 될 거라 믿어 의심치 않는다.

이러한 원도심 개발과 연계해 대동천 르네상스, 즉 대동천변에 '가든 투어리즘' 개념의 거리공연과 같은 즐길거리, 대동역사와 연계한 먹거리, 전통장터 등의 볼거리를 만들고 하늘공연까지의 야간 경관을 조성할 예정이다. 또한 전국적인 명소로 이슈가 되고 있는 소제동카페거리와 대동하늘공원을 연결하는 투어프로그램을 만들어 지역에 활력을 주도록 할 것이다.

이렇듯 대동천 산책은 단순히 개인의 육체적 운동과 공간적 이동의 의미만 있는 것이 아니라 아름다운 경치를 바라보며 느리게 살아가는 주변 사람들을 만날 수 있는 힐링의 과정이기도 하고 동구의 발전을 위해 구상을 할 수 있는 기획의 과정이기도 하다. 힘겹게 코로나19를 이겨내는 구민들의 일상 속 단비이기도 하다. 그래서 나는 또 대동천을 걷는다.

2월의 단상

　2월은 다른 달보다 이틀이 적다. 누구나 한 번쯤은 그 이유에 대해서 궁금해 했을 것이다. 기원전 45년 율리우스 카이사르가 황제의 달력을 수정해 율리우스력을 발표했다. 당시엔 봄을 일 년의 시작으로 여겨 3월이 시작달이고 2월이 마지막 달이었다. 로마인들은 짝수 달을 불길하게 여겨 짝수 달을 홀수 달보다 하루 부족하게 30일로 정했고 그러자 1년이 366일이 돼 당시 마지막 달이었던 2월의 하루를 빼 29일로 만들었다.

　율리우스 이후 집권한 아우구스투스 황제는 자신이 태어난 8월이 작은달인 것에 불만을 갖고 2월에서 다시 하루를 가져와 31일을 만들었고 결국 2월은 28일만 남게 됐다. 2월은 새로운 봄을 준비하는 달이기도 하다. 농민들은 본격적인 농사를 시작하기 앞서 각종 시설물과 장비 점검 등 여러 가지 준비할 일들로 바쁘다. 학생들은 졸업식(卒業式)이나 종업식(終業式)을 하고 다음 달에 있을 새 학기를 준비한다.

　그리고 보니 오늘은 2월 14일이다. 이날은 밸런타인데이라고 해서 남자가 사랑하는 여자에게 초콜릿을 선물하는 날이라고 알려져 있다. 공교롭게도 밸런타인데이도 고대로마에서 유래된 날이라고 한다. 그러나 2월 14일은 안중근 의사가 중국 하얼빈 역에서 우리 민족의 원흉인 이토 히로부미를 사살하고 사형 선고를 받은 날이다. 생각해보면 우리가 입고 먹고 쓰는 모든 것이 안중근 의사와 같은 순국선열들의 희생과 노력이 있었기에 가능하다. 오늘 젊은 연인들이 서로 주고받을 초콜릿도 마찬가지다. 한번쯤 오늘의 우리가 풍족하게 누릴 수 있게 해 주신 독립운동가와 전몰군경 등 순국선열들의 희생을 떠올려봤으면 좋겠다.

우리 동구는 매년 3월 16일마다 일제강점기 당시 대전지역에서 들불같이 일어났던 인동장터 만세운동을 기려 3.16 인동장터 만세운동 제연행사를 개최하고 있다. 또한 필자가 동구청장을 맡은 후부터는 6·25전쟁 참전 철도유공자들에 대한 추도식도 미8군사령부와 함께 거행하고 있다. 그러나 올해는 신종코로나바이러스감염증의 여파로 개최 여부가 불투명하다. 순국선열들의 희생정신을 기리는 행사도 중요하지만 주민들의 안전과 감염증 확산 방지가 더 중요하기에 어쩔 수 없는 선택이지만 마음 한켠에 죄송스런 마음은 어쩔 수가 없다.

하지만 신종코로나 바이러스 감염증의 확산을 막고 주민의 안전을 지키는 것이야말로 선조들의 희생에 보답하는 길이 아닐까 생각해본다.

3.16 인동장터 만세운동을 기념하며

　영화 'YMCA 야구단'은 을사조약 전후를 시대배경으로 우리나라에 야구가 처음 소개됐을 때의 상황을 소재로 그린 영화다. 영화배우 송강호와 김혜수는 명품 연기를 통해 시대의 아픔을 무겁지 않게 잘 표현해냈다.
　YMCA 야구단은 조선에서 최고 실력을 갖춘 야구단으로 이름을 날리지만 을사조약이 체결되고 얼마 후 매일 같이 연습하던 운동장을 일본 군대의 훈련장으로 빼앗기고 만다. 설상가상으로 일본 대표인 성남구락부와의 야구 경기에서도 힘 한번 제대로 써보지도 못하고 영봉패를 당한다. 그러나 심기일전해서 벌인 두 번째 대결에서는 우여곡절 끝에 아슬아슬하게 극적인 승리를 거둔다.
　이 승리를 거두기까지는 많은 조선 백성들의 성원과 뒷받침이 있었다. 야구단은 운동장에서 이들의 꿈과 희망을 저버리지 않기 위해 최선을 다해서 싸웠다. 일제강점기 우리 민족은 스포츠를 통해 잠시나마 일제에 대한 적개심과 저항정신을 표출했다고 본다. 그 당시 대전 동구 소제동 대전역 인근 야구장에서도 많은 경기가 열려 일제강점기 백성들의 슬픔과 고통을 위로해 주었을 것이다.

아직까지도 월드컵이나 올림픽에서 일본을 상대로 승리를 거머쥔 운동 선수들과의 인터뷰에서 단골로 나왔던 멘트는 "일본에게는 꼭 이기고 싶었어요"라는 말이다. 일제강점기 36년을 지나면서 우리의 먹을 것을 빼앗기고, 땅을 빼앗기고, 말과 글을 빼앗기고, 심지어 놋그릇과 놋수저까지 빼앗기면서 생긴 일본에 대한 저항 정신과 자유를 갈구하고자 하는 정신이 우리 민족의 DNA 속에 심어져 있다. 그것은 바로 3.1 정신의 또 다른 이름이다.

1919년 3월 1일 우리 민족은 일제의 폭압에 맞서 전국 방방곡곡에서 비폭력 평화시위를 벌였다. 지금처럼 인터넷이나 SNS도 없던 시절에 어떻게 그 많은 사람들이 뜻을 한데모아 힘과 정신을 결집시킬 수 있었는지 도무지 상상할 수조차 없다.

일본 헌병들은 폭력적인 방법으로 진압하고자 총과 칼을 앞세워 제암리 학살 사건 등 온갖 만행을 저질렀다. 잠시 잠깐 조선독립 만세를 외치는 입을 막을 수는 있었겠지만 우리 민족이 자주독립을 갈구하는 열망을, 그 도도한 흐름을 막을 수는 없었다.

1945년 8월 15일 대한의 독립에는 바로 이 3.1 정신이 있었던 것이다. 3.1 정신은 1960년 4.19 의거와 1987년 6월 항쟁 등 독재정권에 맞서는 저항의 정신이 되었으며 경제 발전으로 우리나라가 세계 여러 강대국과 어깨를 나란히 할 수 있었던 원동력이 됐다.

위대한 3.1 정신을 소중히 계승하고 발전시켜 우리의 밝고 희망찬 미래를 만들어 나가야 함은 당연하다. 우리 동구는 2000년부터 매년 3.16 인동장터 만세운동 재연행사를 개최하고 있으며 지난해에는 만세로 광장 공중화장실과 벽화사업을 추진하는 등 독립만세운동의 역사적 가치를 기념하고자 노력하고 있다.

특히 올해는 3.1 운동 100주년을 맞아 오는 4월 2일 으능정이 스카이로드-대전역-만세로 광장에 이르는 1.5km 구간을 100여 명의 시민들과 함께 달리는 횃불 릴레이를 비롯해 독립만세 가두행진과 다양한 공연이 펼쳐진다.

필자는 한 가지 제안을 하고 싶다. 3.1 운동은 세계적으로도 유례를 찾기 힘든 우리 민족에게 너무 감격스럽고 자랑스러운 비폭력 민주화 운동이다. 그런 의미에서 3월을 축제의 달로 만들면 어떨까 한다. 전국 방방곡곡에서 온 국민이 외치는 것이다. 손에 손에 태극기를 쥐고 남녀노소 할 것 없이 거리로 쏟아져 나와 대한독립만세를 외친다면 그보다 더한 장관은 없을 것이다. 다함께 외치자. 대한독립만세!

대전 동구에 부는 천지개벽

4부

원도심 부활의 꿈이 실현되다

나의 꿈, 'AGAIN 1992'

'I have a dream(나는 꿈이 있습니다)', 미국의 흑인 인권운동가 마틴 루터 킹 목사의 유명한 연설 제목이다. 킹 목사는 1963년 8월 23일 미국의 워싱턴D.C. 링컨 기념관에서 흑인과 백인이 차별 없이 함께 살아가는 세상을 만들자고 외쳤다. 그는 "피부색이 아닌 각자의 품성에 의해 평가받는 나라에서 살기를 원한다"고 말했다.

필자에게 대중들 앞에서 나의 꿈에 대해 연설을 할 기회가 주어진다면 "동구를 누구나 살고 싶은 도시, 주민들이 신바람 나는 도시로 만드는 것"이라 말할 것이다.

1905년 경부선 개통과 함께 대전역이 생기면서 사람이 모이기 시작했고 곧 대전은 충청권을 대표하는 도시가 됐다. 이후 성장을 거듭해 1989년 직할시 출범 당시 102만 명의 인구가 거주하는 대한민국의 중요 도시로 발돋움 했다. 대전역을 품고 있던 동구는 명실상부한 대전의 중심이었다.

그러나 1990년대 둔산신도시의 개발로 업무시설과 공공시설이 이전하면서 점차 쇠락의 길을 걷게 됐다. 동서균형발전을 고려하지 않은 편중된 정책으로 동구민들은 점차 고향을 등지고 떠나게 됐다.

1992년 31만으로 정점에 달했던 인구는 2020년 9월말에는 22만 3천 명까지 줄어들었다.

동구에서 태어나 동구 토박이로 살아온 필자로써는 너무나 가슴 아픈 일이었다. 다시 한번 동구를 인구 30만 도시로 만들고자 지난 20년간 구의원과 시의원으로 뛰었고 변화를 바란 동구민의 지지로 동구청장이 될 수 있었다. 이후 열심히 달려온 결과 동구를 새롭게 바꾸고자 했던 꿈이 이제 조금씩 현실이 돼 나타나고 있다.

지난 8일 코로나19로 지쳐있는 대전 시민들의 마음을 달래줄 희망적인 소식이 들려왔다. 대전 혁신도시 지정 안건이 균형발전위원회 본회의를 통과하면서 대전 혁신도시의 꿈이 15년 만에 이루어지게 됐다. 대전역세권지구에 들어서게 될 혁신도시는 대전역 복합2구역 개발사업과 시너지효과를 창출해 대한민국을 대표하는 중소기업, 교통, 지식산업 관련 클러스터로 거듭날 것이다.

▲민자 유치로 천지개벽하게 될 대전역 복합2구역의 조감도

대전역 쪽방촌 또한 새로운 모습으로의 변화를 준비하고 있다. 노후·불량 주거지인 쪽방촌을 주거·업무복합 시설로 새 단장해 주민들은 앞으로 저렴한 임대료로 더 넓고 쾌적한 환경에서 생활이 가능할 것이다. 주택공급과 함께 쪽방촌 주변은 대전로 활력UP사업, 희망복원안심센터 조성, 정감 있는 안심길 조성 등으로 원도심 개선을 통해 주민이 안심하고 살 수 있는 환경이 조성될 것이다.

인구 30만 회복을 위한 정주여건 개선의 노력도 동구 곳곳에서 이뤄지고 있다. 1989년 시작된 주거환경개선사업은 현재 대동2구역을 비롯한 6개 구역에서 추진되고 있으며 이 중 4곳은 11,918세대의 공동주택이 들어서 약 29,795명의 인구를 품은 명품 주거단지가 될 것으로 기대하고 있다.

또, 주민 주도의 재개발 재건축도 활발히 이루어지고 있다. 올해 말 입주를 앞두고 있는 용운동1구역을 필두로 8개의 재건축사업 6,346세대와 내후년 입주 예정인 신흥3구역 등 7개 재개발사업 10,661세대가 들어서게 된다면 약 42,517명의 인구가 늘어나게 될 것이다.

그렇게 된다면 7만여 명이 넘는 인구가 동구로 유입돼 인구 30만의 중핵도시도 더 이상 꿈은 아닐 것이다. 대전역세권의 재도약과 정주여건 개선을 통해 동구가 다시 한 번 대전의 중심으로 발돋움할 것으로 필자는 기대하고 있다. 동구가 다시 비상하는 그날을, "Again 1992!"

모두가 행복한 "동구"를 꿈꾸며

'모두가 행복한 복지 도시 동구', 지난 2018년 7월 필자가 대전 동구청장으로 취임한 후 민선 7기 복지 분야 구정 목표로 아동·청년·노인 등 전 세대가 걸쳐 행복하게 살 수 있는 복지 도시 동구를 천명한 것이다.

우리나라는 지난 1950년 한국전쟁 이후 40년간 산업화와 민주화를 거치며 급격한 변화를 거듭하다 1997년 IMF 사태를 기점으로 다양한 사회적 문제가 쏟아졌다. 그중에서도 임금과 소득 등 경제적 양극화로 복지와 의료, 교육과 같은 현대적 빈곤이 부각돼 왔다.

이러한 빈곤에 처한 사회적 약자들은 국가의 복지제도에 의존하게 됐고 복지 수요가 점점 증가하는데 반해 국가의 수용범위는 제한돼 복지 수요의 처리속도가 느려지게 될 수밖에 없었다.

양극화된 사회 변화는 복지국가로의 빠른 전환을 요구하고 있고 급격히 늘어나는 복지 수요에 대응하기 위해서는 거대한 중앙정부보다는 주민생활과 맞닿아 있는 지방정부의 역할이 중요하다. 이에 동구는 사회 변화와 주민 욕구에 대응하기 위해 민선 7기 이후 지난 3여

년간 각 세대를 위한 다양한 복지 정책을 추진하고 있다.

첫째, '아동'복지 강화를 위해 '아동보호팀'을 신설한다. 최근 국민적 공분을 불러일으켰던 '정인이 사건' 등 아동학대 사건이 큰 이슈가 되는 등 아동학대 예방은 우리가 해결해야할 시대적 과제가 됐다. 동구는 아동복지법에 근거해 올 7월 조직개편을 통해 아동학대 전담공무원 등을 포함 총 5명으로 구성된 '아동보호팀' 운영으로 아동학대 조사 공공화를 통해 아동보호에 대한 정부자원의 공적책임을 강화할 계획이다.

또한, 아동학대 발생 시 아동학대 현장조사 및 학대판단 시 분리조치, 아동학대 예방교육 및 위기아동 발굴 등 학대예방 업무를 전담해 추진할 것이다.

둘째, '청년'복지 지원을 위해 '청년공간 동구동락'과 '청년 1인 가구 지원사업'을 추진하고 있다.

지난해 11월 동구 자양동에 개소한 '청년공간 동구동락'은 청년들에게 다양한 프로그램 참여 기회를 제공할 뿐만 아니라 개인 업무, 스터디, 소모임 등을 할 수 있는 휴식공간이 되고 있다. 우리 사회의 취약계층인 청년을 위해 청년들만의 공간을 조성해 운영하고 있으며 청년이 함께 모이는 소통 공간을 마련해 유대관계를 키우고 장기적으로 동구 청년 네트워크를 만들의 청년들의 능동적인 사회참여 기회를 제공하고 있다.

아울러, 청년 1인 가구 지원 사업은 2021년 대전시 청년 1인 가구 지원 사업에 공모해 우수사업으로 선정된 사업으로 시비 지원을 받아 청년 1인가구의 독립생활 역량을 강화하고 사회관계망 구축 등 다양한 문제에 직면한 청년 1인 가구 실생활에 도움이 될 맞춤형 지원을 추진할 계획이다. 지원 사업은 동구만의 청년공간으로 운영 중인 '동구동락'이 주체가 돼 수행할 예정이며 청년1인가구를 위한 쿠킹 클래스인 '슬기로운 식사생활', 청년들에게 심리상담 및 멘토링 서비스를 제공하는 '슬기로운 건강생활' 등 총 6가지 세부사업을 추진할 계획이다.

이외에도 앞으로 지속적인 청년들의 참여와 소통을 통한 네트워크 확대와 다양한 청년활동에 대한 지원을 아끼지 않을 것이다.

셋째, '노인'복지 관련해 지난 5월 국토교통부가 진행한 노인 1인가구 등을 위한 주거·돌봄 맞춤형 임대주택인 '고령자복지주택' 공모사업에 동구 인동이 사업대상지로 최종 선정되는 쾌거를 이룬 바 있다.

고령자복지주택은 1~2층 저층부에 사회복지시설, 상층부에 고령자 친화형 임대주택들 설치한 공공임대주택이며 고령자복지주택 80호 등을 포함해 총 112호가 들어설 예정이다. 대전에서 최초로 노인취약계층의 주거와 노인복지를 한 번에 해결할 수 있는 노인복지 주택사업이다. 그동안 동구가 제3노인복지관 건립을 위해 준비했던 부지에 설립될 예정이며 대전시와 동구, 두 지자체의 협력을 통해 공모에 선정됐다. 복지시설은 2025년 준공 이후 동구에서 제3노인복지관으로 운영·관리하게 된다. 돌봄·배움·나눔·건강 등 다양한 고령자 특화프로그램을 계획해 입주민과 지역 어르신들에게 맞춤형 복지 서비스를 제공할 예정이다.

이외에도 동구는 나눔 문화 실천으로 전국적인 복지브랜드로 자리매김한 '천사의 손길'을 비롯해 행안부 주최 '주민생활 혁신사례 확산 대상'으로 선정된 '나눔냉장고', 혼자 사는 어르신들을 위한 인공지능 인형 '효돌·효순이 지원 사업' 등 다양한 분야의 복지정책을 선도해 추진 중에 있다. 이러한 복지도시 구현을 위한 노력에 하늘이 감응한 듯 선물 같은 일들이 일어나 동구는 지금 각 분야에서 변화의 바람이 불고 있다.

동구의 중심이자 대전의 중심인 대전역세권은 복합2구역 등 개발사업이 추진 중이며 혁신도시 및 도심융합특구로 지정된 데 이어 최근 대전 도시철도 2호선 트램 경유가 확정됐다.

또한, 지난 4월 정부가 발표한 '소규모주택정비 관리지역' 및 '주거재생 혁신지구 선도사업'후보지로 전국 27곳 중 동구 지역 4곳이 포함돼 정주여건 개선에 박차를 가할 것으로 예상되며, 23만 구민들과 800여 명 동구청 공직자들의 노력으로 대전의료원 설립이 확정된 바 있다. 아울러, 천동 3구역, 대동 2구역 등 도심 속 낙후한 지역에 대한 재개발 및 재건축 사업이 활발히 추진 중에 있다.

필자는 1980년대 후반 인구 35만 명에 육박하며 엄연히 대전의 중심이었던 동구가 최근 불고 있는 다양한 변화의 바람을 맞아 다시 옛 명성을 되찾을 날이 멀지 않았음을 확신한다. 그에 대한 전제조건으로 주민이 행복하게 살 수 있는 도시를 만들기 위한 전 세대를 아우르는 다양한 복지 정책이 수반되어야 함은 자명하다.

지난 1990년대 이후 내리막길을 걷던 대전 원 도심·낙후지역의 대명사 동구, 이제는 대전의 중심으로 떠오르게 될 것이라는 데에 의심의 여지가 없다.

살기 좋은 동구,
돈이 모이는 돈구

얼마 전 코로나19가 심하지 않았을 때 지역 주민들의 목소리를 듣기 위해 대동지역을 찾았을 때의 일이다. 주민들의 애로사항을 듣고 답변하는 여느 때와 같은 현장 방문이었다. 그렇게 대동에서의 일정을 마쳐갈 때쯤 한 주민이 나를 잡고 이런 이야기를 했다.

"청장님, 제가 살고 있는 아파트가 벌써 7억 원 가까이 됐대요! 곧 10억 원까지 오르는 것도 꿈은 아닌가 봐요. 동구가 정말 살기 좋아졌다는 뜻이겠죠?" 주민의 말을 듣는 순간 참으로 기분이 묘했다.

물론 요즘 부동산 값이 하늘 높은 줄 모르는 듯 오르는 것은 좋은 현상은 아니다. 끝을 모르고 높아지는 부동산 가격에 어려움을 겪는 사람들이 많다. 구민들의 주거안정을 위해 주택가격 안정화가 하루 빨리 이뤄져야 함은 당연하다.

하지만, 현재 상황을 보았을 때 동구 지역의 주택가격이 그 여느 때와는 비교할 수 없을 정도로 오른 것은 사실이다. 그만큼 동구에 살고 싶은 사람이 늘고 있다는 것이다. 그동안 대전 신도심과 구도심 사이의 동서격차는 상업시설, 문화시설 등 다양한 방면에서 격차가 있었지만 부동산 가격에서 가장 두드러졌다.

오래되고 낡은 주택들과 쇠퇴한 상권, 그리고 적은 수요가 복합적으로 작용해 낮은 부동산 가격을 형성했고 둔산권, 유성과 비교하기가 민망한 수준이었다. 이렇게까지 이야기하면 동구를 사랑하는 필자로서는 마음이 아프지만 불과 몇 년 전까지만 해도 새 아파트가 생겨도 동구보다는 서구, 유성구에 살고 싶다고 생각하는 대전시민이 많았을 것이다.

하지만 지금은 상황이 달라졌다. 동구는 이제 대전에서도 살고 싶은 곳이 돼 가고 있다. 부동산 가격을 비롯한 동서격차도 많이 줄었다. 그 배경에는 최근 3년간 동구가 이뤄낸 천지개벽의 성과들이 있었기 때문이다.

첫 번째는 대전역세권 재정비사업이다. 지난해 혁신도시 지정을 시작으로 도심융합특구 지정, 복합2구역 민간사업자 선정 등 대전역 일대는 1904년 대전역이 생긴 이후 두 번째 변화와 혁신의 기회가 눈앞에 다가왔다.

대전역세권에는 향후 5년 내 2조 3,000억 원이라는 천문학적인 금액이 투입돼 69층 초고층 아파트와 3,400세대 규모 주거단지가 들어설 것이다. 또 동구 주민들은 대전역세권에 생긴 백화점·영화관·쇼핑시설을 즐길 것이다. 혁신도시 공공기관 입주까지 마무리되면 대전역세권은 대전 발전의 중심축이 될 것이다.

두 번째는 주거환경개선사업이다. 대전 동구는 6대 광역시 중 LH 공동 주거환경개선사업이 가장 많이 이뤄진 곳입니다. 앞으로 천동 3구역·대동2구역·구성2구역·소제구역 사업이 예정돼 있고, 쪽방촌 1,400호 공동주택단지 건설과 용운동·용전동·성남동·천동 도시재생 선도사업도 착착 진행되고 있다.

　마지막 세 번째는 민영개발이다. 현재 주민들이 조합을 설립해 확정한 사업만 20곳에 달하며, 추진 중인 곳을 포함하면 50곳이 넘는다. 대전 동구는 굴지의 기업이 경쟁하는 돈이 모이는 지역이 됐다.

　지금 동구는 누구나 살고 싶은 거주지로 변모하고 있다. 특히 워라밸과 삶의 질을 중요하게 생각하는 요즘, 대청호와 식장산 등 천혜의 자연환경과 동구 8경을 비롯한 매력적인 관광지를 품은 동구는 시대가 요구하는 주거환경을 갖춘 곳이 아닐까 싶다. 앞으로 더 변화할 동구를 기대하며 매력적인 도시, 성장하는 도시 동구로 어서 오시기를 바란다.

대전혁신도시, 대전의 균형발전이 곧 국가의 균형발전!

서기 676년 신라는 백제와 고구려 그리고 당나라와의 전쟁에서 승리하면서 길었던 삼국시대를 끝내고 마침내 통일신라시대를 열었다. 한반도를 통일한 신라는 확장된 국토를 효율적으로 통치함과 동시에 지방의 균형있는 발전을 꾀하고자 남원경(현 남원), 금관경(현 김해), 북원경(현 원주), 중원경(현 충주), 서원경(현 청주) 총 다섯 곳의 소경(小京)을 설치했다.

신라가 5소경을 설치한 지 1300여년이 지난 지금 우리나라에는 5소경이 아닌 혁신도시가 존재하고 있다. 이처럼 균형발전은 시대를 막론하고 국가적 과제였다고 할 수 있다.

국회는 지난 6일 밤 본회의에서 재석의원 163명 중 찬성 157명, 반대 1명, 기권 5명으로 '국가균형발전특별법 일부개정법률안'(이하 균특법 개정안)을 처리했다. 참으로 가슴 벅찬 순간이 아닐 수 없다. 균특법 개정안의 골자는 '혁신도시는 수도권이 아닌 지역의 광역시, 도, 특별자치도 별로 지정한다.'는 항목(제18조의2)의 신설이다. 드디어 대전이 혁신도시로 지정될 수 있는 법적 근거를 마련하게 된 것이다.

2005년 전국이 혁신도시 건설로 들떠있을 때 대전은 대전정부청사, 대덕연구개발특구가 위치해 이미 많은 공공기관을 가지고 있다는 것과 세종시 건설을 이유로 혁신도시에서 배제됐다. 국가의 균형발전을 위한 정책이 오히려 대전에 독이 된 셈이다. 대전은 세종시 건설로 아직까지 인구유출과 기업유출이 이뤄지고 있고, 대전의 청년들은 다른 지역 청년들과 달리 공공기관의 지역인재 채용 제도를 누리지 못하게 돼 대전을 떠나게 됐다.

이에 대전을 혁신도시로 지정하고자 2019년 균특법 개정안이 발의됐고 같은 해 11월 상임위원회에 상정됐지만 패스트트랙 정국을 만나 다음 해로 넘어가게 됐다. 설상가상으로 어렵게 열린 2월 임시국회가 코로나19로 멈추는 등 법 개정까지 참으로 많은 우여곡절이 있었지만 균특법 개정안이 통과되면서 법이 제정된지 약 15년이 지난 지금 드디어 대전도 혁신도시 설치에 한 걸음 나아가게 됐다.

가장 큰 산을 넘은 지금, 앞으로 혁신도시를 어디에 설치해야 하는지가 지역사회의 큰 화두가 될 것이다. 이에 대한 답은 바로 원도심을 간직한 동구이다. 대전은 1905년 경부선 개통과 함께 대전역이 생기면서 도시가 급속도로 팽창하기 시작했다. 이를 통해 동구는 대전의 모태도시이자 대전의 중심이 됐다.

그러나 1990년대 둔산신도시의 개발로 업무시설과 공공시설이 이전하면서 도시 공동화 현상이 발생하기 시작했다. 그 여파로 대전의 동서격차 문제가 심화되기 시작했다. 수많은 대전시민들이 원도심 활성화와 동서격차 해소가 시급히 해결되야 할 문제라는 점에는 동의하지만 뾰족한 해결방안을 찾기가 쉽지 않았다.

하지만 대전역을 비롯한 동구의 원도심 지역을 혁신도시로 지정해 개발한다면 동서격차 해결의 해답이 될 것이다. 대부분의 혁신도시는 도시외곽에 위치해 도시인프라 구축에 오랜 시간이 걸려 도시의 핵심인 사람이 모이지 않아 어려움을 겪고 있다.

대전역을 갖춘 교통의 중심지이자 각종 인프라 등 여건이 이미 마련돼 있는 동구가 적격이라 할 수 있다. 여기에 공공기관을 유치해 침체된 원도심에 활력을 불어 넣고 대전역과 시너지를 발휘해 사람을 모은다면 그 어느 혁신도시보다 발전할 것이라 믿는다.

나아가 대전역세권 개발사업을 성공시키고 지난 10여년간 지지부진했던 소제구역 주거환경개선사업을 이끌어 단순히 동서격차를 해소하는 것을 넘어 대전의 전체적인 발전을 이끌어 낼 것이라 믿는다.

원도심에 50층 이상의 마천루가 들어서고 그곳으로 이전한 공공기관에는 대전지역 청년들이 출퇴근을 한다. 공가와 폐가로 이뤄진 대전의 첫 인상은 어느새 새 아파트가 들어서 누구나 살고 싶은 도시가 돼 있을 것이다.

대전의 균형발전이 곧 국가의 균형발전이다. 지난 100년 동구 발전의 원동력이 대전역이었다면 앞으로의 100년은 혁신도시가 될 것이라 필자는 생각한다. 혁신도시로 다시 동구가 대전의 중심으로 비상하는 날을 꿈꿔본다.

대전의료원 설립, 의료 선진국으로 가는 길

126이란 숫자, 우리나라에 코로나19 진단키트를 요청하고 있는 나라의 수이다. 이 정도면 의료 한류라고 불러도 될 정도다. 코로나19 31번째 환자 발생 직후 확진 자가 급증하면서 온 국민이 불안에 떨었지만 1일 신규 환자가 50명 내외로 유지되면서 우리나라의 방역체계와 의료 수준이 전 세계의 관심을 모으고 있다.

진단 정확도가 98%에 이르는 첨단 진단키트, 환자 발생 경로를 추적하고 동선을 공개하는 IT 기반 방역체계 구축, 남에게 피해를 주지 않기 위해 개인위생을 철저히 지키고 사재기를 하지 않는 시민의식 그리고 가장 큰 박수를 받아야 할 헌신적이고 뛰어난 능력을 갖춘 의료진들, 민·관·의(醫) 3박자가 하나 된 마음으로 코로나19와 싸운 결과라고 할 수 있다.

전국 지자체들은 선의의 경쟁을 하듯 코로나19를 물리치기 위한 노력을 기울이고 있다. 우리 동구는 마스크 품귀현상을 해결하고자 전국 최초로 자외선 소독기를 구청 및 행정복지센터에 설치했다. 감염병 지역사회 확산방지를 위해 열 화상 카메라를 긴급 투입하고 대전에서는 처음으로 공동주택 엘리베이터 버튼에 코로나19 항균필름을 부착했다.

아직 코로나19는 진행 중이고 현재까지 200명이 안타까운 목숨을 잃었다. 또 다시 이와 같은 안타까운 일이 발생하지 않도록 감염병을 사전에 차단하기 위해 우리나라는 방역선진국을 넘어 의료 선진국으로 가야한다. 그렇다면 의료 선진국으로 가기 위해 가장 중요하게 요구되고 있으며 앞으로 다가올 수 있는 감염병 위기에 대처할 수 있는 근본적인 대책은 무엇일까? 바로 대전의료원 설립이다.

전국 16개 광역시·특별시·도 중 의료원이 없는 곳은 대전을 포함한 단 3곳뿐이다. 공공보건으로서의 대전의료원은 감염병 전담병원으로서의 역할뿐만 아니라 의료 취약계층에 비용부담을 줄이고 수준 높은 의료서비스를 제공할 수 있다는 장점이 있다.

지난 2012년 용운동 선량마을에 부지지정을 건의한 이후, 2017년 대통령 공약사업 반영, 2018년 예비타당성 대상사업 선정과 KDI 예타 조사 실시 등 숨 가쁜 과정을 지나오면서 23만 동구민 그리고 대전시민의 숙원인 대전의료원 설립이 눈앞에 실현되는 듯 했다. 그러나 지난해 7월 예비타당성 종합평가 제도가 변경되면서 1차 점검회의 시 비용편익 분석에서 경제성 저하 변수가 발생해 예타 통과를 위해 지속적으로 보완자료를 제출하는 등 대책 마련에 적극 나서고 있다.

감염병에 대한 대처 능력, 그리고 의료취약계층에 대한 지원! 바로 대전의료원 건립이 절실히 요구되는 이유이다. 감염병이 대유행 할 경우 국가의 존립마저 위태로워지는데 경제적인 잣대만 강조하는 것은 분명 문제가 있다.

▲민관협력으로 끊임없이 대전의료원 유치에 박차

　코로나19와 관련해 우리 정부가 중국 우한에 고립된 교민들을 보호하기 위해 전세기를 파견했고 격리 해제가 돼서 각자의 집으로 돌아갈 때 처음으로 국가의 고마움을 느꼈다는 한 교민의 인터뷰를 봤을 때 필자는 깊은 감동을 느꼈다. 국가 존립의 가장 큰 이유는 국민의 생명과 안전을 지키는 것이기 때문이다.
　앞으로도 원인과 해결 방법을 알 수 없는, 어쩌면 코로나19보다 더 강력한 각종 감염병이 발생할 것이라는 우려가 충분히 가능하다. 대전의료원은 이러한 예기치 못한 사태를 사전에 차단하고 종식 시키는 데 있어 절실히 요구될 뿐만 아니라 평시에는 의료복지를 제공하는 공공의료기관으로 발전할 것임을 확신하다. 이런 취지에서 다시 한 번 강력히 대전의료원의 설립을 강력히 요구한다. 대전의료원이 조속히 설립될 수 있도록 대전 시민 모두 한마음 한뜻으로 응원해주시기를 기대한다.

대전 동구 쪽방촌 도시재생사업 추진으로 대전 원도심 활성화 발판 마련

1905년 경부선 개통과 함께 설치된 대전역은 일제 강점기 수탈의 장소로, 한국전쟁 때에는 이별의 장소로, 70년대 통기타를 치는 젊은 이들이 붐비는 낭만의 장소로 기억된다.

이에 기적소리 슬피 우는 0시 50분발 대전 블루스는 지금도 생생한 기억 속에 아름다운 옛 추억을 담고 있다. 한때 사통팔달의 요충지인 대전역을 품은 동구는 상권이 발달된 대전의 관문이자 얼굴이었다.

하지만 대전역 주변은 90년대 중부권 중심의 비약적인 도시개발로 과정에서 밀려난 도시 빈곤층이 대거 몰리면서 점차 지역 상권이 쇠퇴하고 최소한의 주거복지 요건도 갖추지 못한 노후·불량 주거지인 쪽방촌이 형성되며, 중심지의 기능을 잃어갔다.

그러나 민선7기 시작과 함께, 어둡고 인적이 드물어 범죄 위험에 상시 노출된 이곳 쪽방촌에 활력의 청신호가 켜지기 시작했다.

첫째로, 2017년부터 3년간 추진된 마을미술 프로젝트는 지역 주민과 예술가가 힘을 모아 정체성을 회복하고 새로운 가치를 부여할 수 있는 곳으로 변모시키기 위한 활동으로 슬럼화했던 골목에 사람의 온기가 돌기 시작했다.

둘째로, 정동 4-5번지에서 정동 13-19번지에 이르는 약 300m 구간의 청소년통행금지구역 해제 공고함에 따라 마을 이미지를 새롭게 바꾸는 동시에 CCTV 설치와 안심길 조성 등을 통해 안전하고 쾌적한 마을로의 변모를 꾀했다.

마지막으로, 22일 발표된 대전역 쪽방촌 도시재생 뉴딜사업의 추진이다. 이번 사업은 공공주택사업과 주변 상업지역을 활성화하는 사업으로 구성되는 중심시가지형 뉴딜사업으로서, 노후·불량 주거지인 쪽방촌을 주거·업무복합 시설로 마련하고 거주민에 대해서는 사업기간 내 주변 숙박시설로 이전하여 완료 후 내몰림 방지를 위해 재정착하는 先이주 善순환 방식으로 추진된다.
이를 통해 동구가 활기차고 살기 좋은 원도심으로의 옛 명성을 되찾고, 나아가 새로운 대전의 중심으로 도약하길 기대해본다.

대전역은 추억의 공간이다. 어떤 이에게는 연인과의 이별의 장소로 다른 이에게는 여행을 떠나는 설렘의 장소로 기억된다. 특히 "잘 있거라 나는 간다. 이별의 말도 없이 떠나가는 새벽 열차 대전발 영시 오십분"이라는 가사로 시작하는 '대전 부르스'는 1959년 발매된 이후 지금까지도 많은 사람들이 즐겨 부르고 듣는 불후의 명곡 중 하나이다.
대전역은 추억의 공간을 넘어 대전 시민들의 삶의 터이기도 했다.

동구 원동에 위치한 중앙시장을 중심으로 대전천까지 이르는 거리마다 헌책방, 건어물, 공구, 생선골목, 그릇도매상, 한의약, 한복거리, 먹자골목이 형성됐고 이곳에서 사람들은 삶을 이어갔다.

사통팔달의 대전역을 품은 동구는 상권이 발달된 대전의 관문이자 얼굴이었다. 하지만 1990년대 둔산신도시 개발로 업무시설과 공공시설이 이전하면서 대전역 주변은 어느새 원도심이 됐다. 중심지가 바뀌면서 대전역 주변은 쇠퇴하기 시작했고 가려져있던 그늘을 드러냈다.

그리고 많은 사람들이 오가는 대전역에서 얼마 떨어지지 않은 곳에 쪽방촌이 있다. 대전역 쪽방촌은 한국전쟁 피난민이 모이면서 형성됐다. 이후 IMF로 도시 빈곤층이 쪽방촌으로 모여들었고 어느새 빈곤의 대명사가 됐다.

그러나 민선7기 시작과 함께 이곳 쪽방촌에 활력의 청신호가 켜지기 시작했다. 마을미술 프로젝트 '무궁화 꽃이 피었습니다'는 지역 주민과 예술가가 힘을 모아 정체성을 회복하고 새로운 가치를 부여할 수 있는 곳으로 변모시키기 위한 활동으로 슬럼화됐던 골목에 사람의 온기를 불어넣었다.

그리고 바로 지난달 22일 한국철도공사 사옥에서는 변화의 시작을 알리는 의미 있는 협약식이 개최됐다. 바로 대전역 쪽방촌 도시재생 뉴딜사업의 추진이다. 이번 사업은 공공주택사업과 주변 상업지역을 활성화하는 사업으로 그 규모만 해도 쪽방촌 1만 5천㎡를 포함해 총 2만 7천㎡에 이른다.

쪽방촌 주민들을 위해 250세대가 거주할 수 있는 영구임대 아파트가 들어설 예정이며 청년들을 위한 행복주택이 450세대, 일반분양으로 700세대 등 공공주택 1400세대를 2024년까지 마련할 계획이다. 주민들은 앞으로 저렴한 임대료로 더 넓고 쾌적한 환경에서 생활이 가능할 것이다. 또한 주민들을 위한 각종 보건, 체육, 도서관 등 삶의 질을 높이고 쾌적한 환경을 제공하는 생활 지원센터도 들어설 예정이다.

주택공급과 함께 쪽방촌 주변은 대전로 활력UP사업, 희망복원안심센터 조성, 정감 있는 안심길 조성 등으로 구도심 개선을 통해 주민이 안심하고 살 수 있는 환경이 조성될 것이다.

쪽방촌의 변화와 함께 대전역세권 개발사업 추진과 대전혁신도시에 대한 기대감도 커지고 있다. 대전역은 앞으로 지금까지와는 전혀 다른 모습으로 바뀔 것이다. 대전역을 중심으로 동구가 활기차고 살기 좋은 도심으로의 옛 명성을 되찾고 나아가 다시 앞으로 새로운 100년을 열어갈 대전의 중심으로 도약하길 기대해본다.

5.18을 맞는 우리의 자세

　5월이 되면 많은 어머니들이 생각난다.
　4.3 사건 희생자들 앞에 목 놓아 울었을 어머니들, 4.19때 독재정권에 분연히 맞섰다가 죽음을 맞은 아들들의 어머니들, 그리고 5.18 광주 민주화운동의 어머니들. 이와 같은 수많은 어머니들이 있었기에 우리나라에 민주화가 싹을 텄고 오늘의 우리가 있을 수 있었다.

　5.18 광주 민주화 운동 기념일 40주년이다. 5.18은 단순한 숫자의 나열이 아니다. 5.18 민주화운동은 우리나라에 민주화에 씨앗과 같은 역할을 했다. 5.18 민주화운동이 없었다면 1987년 민주항쟁의 성공도 없었을 것이다.

　5.18의 참상을 전하기에는 다소 부족하지만 영화 '택시 운전사'를 보면 많은 생각이 들곤 한다. 유명 배우인 송강호가 주연을 맡은 이 영화의 주인공인 택시 운전사는 밀린 집세를 벌기 위해 장거리 외국인 손님을 가로챈다. 손님을 안전하게 모시는 본연의 일에 집중하지 않고 그저 가족을 위해 그리고 자기 자신을 위해 돈에 집중했다.

반면 택시 손님인 힌츠페터 기자는 오로지 자기 본연의 임무에 집중한다. 그것은 바로 있는 사실을 그대로 전하는 일, 비록 그 일이 위험을 무릅쓰는 일이라 할지라도 말이다.

택시운전사는 어렵사리 광주에 도착해서도 홀로 남겨둔 딸 걱정 뿐이다. 어서 빨리 돈을 받아 서울로 돌아갈 생각과 광주의 참상을 목격하고 힌츠페터 기자를 도와야 된다는 생각 사이에서 갈등한다. 그리고 그의 생각을 바꾼 계기는 바로 신발이다.

기자를 놔두고 광주를 빠져나올 때 광장에 주인을 잃고 버려진 수많은 신발들을 보고 마음 아파하다가 결국 서울로 차를 몬다. 택시운전사는 넋이 나간 채 딸에게 줄 비싸고 예쁜 신발을 바라보며 광장의 버려진 신발들을 떠올린다.

결국 한참을 망설인 뒤 광주로 차를 돌린다. 택시운전사는 병원에 즐비하게 늘어선 많은 희생자들을 보며 망연자실한 채 주저 앉아있던 힌츠페터 기자에게 사람들에게 알리는 게 기자의 일이 아니냐면서 어서 이 모든 일들을 촬영할 것을 독려한다.

그리고 그 자신도 자신의 본연의 일, 즉 손님을 안전하게 원하는 곳으로 태우는 일에 집중한다. 그래서 기자는 결국 5.18 광주의 참상을 전 세계에 전할 수 있었다.

어떤 위험과 어떤 어려움 앞에서도 자기가 해야 할 일을 마땅히 했던 사람들, 불의에 맞서 분연히 일어났던 사람들, 자기보다 남을 배려하고 생각했던 사람들에 의해 역사는 바뀌고 새로운 세상이 온다.

5월의 어느 잔뜩 찌푸린 날 무심히 하늘을 바라봤다. 그리고 생각했다. 5월 광주의 민주화 영령들의 희생과 그 어머니들의 눈물이 헛되지 않게 하기 위해 오늘 우리는 무엇을 해야 할까? 그것은 바로 오늘 우리에게 주어진 역할과 사명이 무엇인지를 깊이 떠올리고 그것에 집중하는 것이다. 그리고 그들의 희생을 기억하고 잊지 않는 것이다.

국토부 '주거재생 혁신지구 후보지' 선정 쾌거는?

"23만 동구민들의 성원과 800명 공직자들의 노력으로 대전역세권의 화려한 부활과 도시·주거재생을 통해 인구 30만의 핵심도시로 다시 발돋움 할 수 있도록 모든 역량을 집중하겠습니다."

필자가 지난 2018년 민선7기 대전 동구청장으로 취임한 후 각종 행사 방문 또는 언론과의 인터뷰 진행 시 수십 번, 수백 번 했던 말이다.

1980년대 후반, 대전역을 중심으로 대규모 상권이 형성되고 충남도청이 들어서는 등 대전 동구는 명실상부한 대전의 중심이었으나 1990년대 둔산 지역 개발을 시작으로 관공서가 이전하고, 잘나가던 가게가 문을 닫는 등 사람들이 하나둘씩 동구를 떠나면서 대전 내 동서 격차와 도시 슬럼화 현상이 가속됐다.

2000년대 이후 동구는 각 분야에서 다방면으로 노력했지만 '대전의 중심'이라는 옛 명성을 찾기는 쉽지 않아 보였다.

그러나, 최근 혁신도시 및 도심융합 특구로 동구가 지정되는 등 대전역세권 개발을 시작으로 다시금 대전의 중심이라는 옛 명성을 되찾아갈 여건이 마련되고 있다.

이에 더해 2·4부동산대책의 후속조치로 지난 4월 28일 정부가 발표한 소규모주택정비 관리지역 및 주거재생 혁신지구 선도사업의 전국 후보지 27곳 중 소규모주택정비 관리지역으로 3곳(용운동 대동초 동측, 성남네거리 북서측, 용전초교 인근), 주거재생 혁신지구로 1곳(천동 알바위 지역)이 선정되는 쾌거를 이뤄냈다.

인구 30만 회복을 위한 기본 조건인 정주여건 개선의 노력이 드디어 그 결과로 나타나고 있는 것이다.

최근 동구의 불고 있는 이러한 변화의 바람들은 필자를 포함한 누구 한 명의 힘으로 이뤄낸 성과가 아니다.

노후 저층주거지에 대한 소규모주택정비 수요가 높으나 열악한 기반시설과 각종 도시 건축규제로 사업 시행에 어려움을 겪는 지역의 한계를 극복하고자 한 동구청 공직자들의 노력이 있었다.

동구에서는 올해 2월부터 소규모주택정비 관리지역 선호 사업 후보지를 발굴해 총 5곳을 발굴 국토교통부에 신청했고 국토교통부 검토 결과 우리 동구 지역 3곳이 선도사업 후보지로 선정됐다.

특히, 이번에 선정된 소규모주택정비 관리지역 후보지 3곳 중 성남동 현대오피스텔 일원은 2011년 이후 약 10년간 방치돼 도시경관을 저해하고 안전문제 우려되는 등 문제가 있는 곳이며 그 소유관계가 복잡해 자력 개발이 매우 희박한 상황이었다.

이에 동구는 지난 2019년부터 성남동 현대오피스텔 활성화를 위해 대전시, LH, 국토부 등과 수차례 실무협상을 추진했으며 담당부서에서 소유자 파악, 소유자 회의 개최 및 매각 동의서 징구 등 적극적인 행정과 노력을 펼쳤고 이번 소규모주택정비 관리지역 선도사업 후보지로 선정되는 성과를 이뤄냈다.

그 외에 선정지역인 동구 용운동, 용전동, 천동 구역 또한 도시·주거재생을 위한 동구민들의 뜨거운 열망과 적극 행정으로 이뤄낸 결과물이라 할 수 있다.

하반기에 접어든 민선 7기이지만 천지개벽을 맞이하는 동구의 화려한 부활의 외침은 이제 시작일 뿐이다.

도시재생은 단순한 환경 정비를 넘어 사회적 재생, 경제적 부활로 진화한다. 동구도 이 같은 추세에 발맞춰 동구의 부활을 염원하는 구민들과 소통해 제도와 지원 체계를 재정비하는 등 모든 행정력을 동원해 최선을 다할 것이다.

필자는 대전역세권개발 및 혁신도시 지정과 더불어 이번 도시재생 선도사업 후보지 선정 등을 기반으로 동구가 예전의 명성을 되찾아 인구 30만 중핵도시로 발돋움할 것이며 대한민국 혁신성장의 메카이자 국가 균형 발전의 신모델을 제시할 것이라고 자신 있게 말할 수 있다.

1990년대 이후 내리막길을 걷던 대전 원도심의 대명사 동구, 이제는 주민들과 공직자들의 끊임없는 노력으로 대전역세권 개발 및 도시·주거재생을 통한 동구 부흥의 신화를 다시 쓰게 될 날이 멀지 않았다.

심상치 않은 변화,
"원도심 부활의 꿈"이 실현되다!

천지개벽하는 동구, 예산 6,000억 원 시대가 개막되었다.

2021년도 제1회 추가경정예산안의 세입세출규모 6,083억 원을 보는 순간 마음 깊은 곳의 벅찬 감회에 나도 모르게 한줄기 짜릿한 전율을 느끼고 있었다. 민선7기 시작년도인 2018년 본예산 4,299억 원을 생생하게 기억하고 있었던 탓 이었을지도 모른다. 5개구 중 제일 열악했던 살림규모는 어느새 서구에 이어 유성구와 비슷한 수준으로 우뚝 올라섰다.

예산은 한정된 재원을 합리적으로 분배해 정책목표를 달성할 수 있는 가장 적극적인 수단이다. 또한, 예산의 질적 구성이야말로 그 지역이 나아갈 발전 방향과 장기적으로 추구하는 가치를 내포하고 있는 중요한 내용이라고 생각한다.

그렇다면 1,800억 원에 달하는 예산 증가에 동구의 어떤 방향과 가치가 반영되어왔는지 짚어보고자 한다.

필자는 취임 초기 구민과 한 약속이 있었다.

첫째, 관광 정책 추진을 통해 지역경제 활성화하고 일자리를 늘려

부자 동구로 만들며, 둘째, 다양한 복지시책 사업으로 행복한 복지 동구 구현, 그리고 셋째, 주민이 원하는 모습의 지역개발과 도시재생, 안전관리 체계 구축을 통한 안전도시 동구 조성이다.

그러나 취임초기 원도심의 열악한 재정, 지방채무로 인한 불이익, 불공평을 필연으로 알고 감수해야만 했던 주민들과 동구 공직자 사이의 깊어질 대로 깊어진 골을 어떻게 채워야 할지가 첫 번째 어려운 숙제가 되어 해법을 찾아야만 했고,

한정된 재정 여건 속에서 새로운 동구의 가치를 찾고 발전을 끌어낼 수 있는 돌파구가 필요했다. 그것은 바로 공모사업 유치 등 각종 외부재원 확보와 민자 유치 활성화이다.

최근 10년간 동구가 유치한 공모사업 총액 1,857억 원 중 약 75%인 1,385억 원이 민선 7기 2018년 이후 유치한 사업예산이다.

그간의 노력이 여기에 고스란히 담겨있고, 지금도 부자 동구 건설을 위해 최선을 다하고 있음을 덧붙여 말해본다.

특히, 2019년 공모사업으로 선정된 인동국민체육센터와 성남동다목적체육관 건립은 문화·체육 기반시설이 부족한 동구에 단비와 같은 사업이었으며, 전통시장 활성화 및 시설현대화 지원 등 공모사업은 총 242억 원에 달해 전통시장의 시설을 개선하고 고객 편의를 높여 상권 활성화에 기여할 것으로 기대한다.

또한, 관광 동구 조성사업은 대청호를 비롯한 천혜의 자연환경을 활용한 대청호자연수변공원, 명상정원, 효평마루 조성 등으로 청신호가 켜졌고, 지난 5월 대전시 최초 노인복지주택 사업인 고령자복지주택 공모사업에 선정돼 동구의 어르신들이 안정적으로 생활할 수 있는 주거 복지의 기반을 조성할 수 있게 되었다.

더불어, 쇠퇴한 구도심에도 변화의 바람이 불기 시작했다. 도시재생 뉴딜사업 선정, 혁신도시 지정, 쪽방촌 도시재생 뉴딜사업을 비롯, 지난 4월에는 동구 내 4곳이 '도시재생 선도사업 후보지'로 선정된 바 있다.

이는 800여명 공직자들의 적극적인 공모사업 응모와 국·시비보조금 등 외부재원 확보를 위해 노력한 결과이며, 필자 또한 구민의 바람과 믿음이 담긴 소중한 약속을 하나씩 지켜나갈 수 있게 되었다.

지금 동구는 하루하루 역동적으로 변화하고 있고, 천지개벽의 시대를 열어가는 모습을 우리 모두는 생생히 지켜보고 있다.

동구청장으로서 품은 꿈을 실현하기엔 아직 목이 마르며, 구민과 함께 해야 할 일들이 많다. "새로운 가치의 동구"라는 한 배를 함께 탄 파트너로서 앞으로 나아가야 할 발전 방향을 찾아 23만 동구민과 800여명 공직자와 함께 오늘도 고민하고 있다.

필자는 동구에서 태어나 학창시절을 보내고 지난 20여 년간 구의원과 시의원 그리고 구청장으로서 오직 동구 발전을 바라며 달려왔다. 지금까지 이뤄낸 성과들을 기반으로 다시 한 번 동구가 명실상부한 대전의 중심이 되는 그날을 꿈꿔본다.

변화와 함께한 3년, 동구의 자랑이 되다

지난 2018년 7월 '새로운 가치의 동구 실현'을 외치며 민선 7기 대전 동구청장으로 취임해 구정에 첫걸음을 내딛던 날이 엊그제 같은데 어느덧 3년이라는 시간이 지났다고 생각하니 만감이 교차한다.

지난 3년여의 시간은 동구의 새로운 성장 동력인 '관광' 활성화를 위한 기반 마련과 동시에 대전역세권 개발의 성공적 추진 및 원도심 부활의 기폭제가 될 수 있는 각종 대규모 사업이 시작돼 본격적인 성장 기반을 다진 시간이었다.

주민자치의 활성화를 위해 이른 새벽 민원현장에서 주민과 만나는 '여명정담'등을 통해 활발히 소통하고 있고 지난해 9월에는 대전역 이용객과 주민들의 맞춤형 민원서비스 제공을 위해 역사 내 종합민원센터를 개소해 운영 중이며 이런 성과를 인정받아 '대한민국 자치발전 기초단체 부문 대상'을 수상하는 쾌거를 이룬 바 있다.

관광·문화·체육 분야 등에서도 중장기 로드맵을 마련했다. 민선 7

기 역점사업으로 내세운 '관광도시 동구 조성'에 있어 신규 관광자원 발굴과 적극적인 홍보로 그 기반을 확고히 다졌으며 성황리에 개최한 '대청호 벚꽃축제'는 대전시 대표축제로 선정됐고 인동 국민체육센터와 성남동 다목적 체육관 공모사업 선정으로 생활체육 활성화를 도모했다.

재정 분야에서는 구정 여건 개선을 위한 재원 확보에 총력을 기울이고 2018~2019년 2년 연속 재정 신속집행 우수부서로 선정됐으며 지난 2008년 가오동 신청사 건립 등을 위해 발행한 지방채 453억 원의 남은 금액을 지난해 제3회 추경에 예산을 반영, 계획보다 앞당겨 전액 상환했다.

민선 7기 3년의 시간 동안 가장 큰 성과라 하면 대전역세권 개발 등 도시혁신 분야라 할 수 있다. 대전역세권 지역이 지난해 혁신도시 및 도심융합특구로 지정돼 대전 원도심 지역에 대대적인 변화의 물결이 기대되며 지난 4월 국토부 '도시재생 선도사업 후보지'로 동구 관내 용운·용전·성남·천동 4곳이 선정돼 정주환경 여건 개선에 큰 기여를 할 것으로 기대된다. 어디 그뿐인가? 민선 7기 들어 대전 동구의 대표 복지 브랜드로 자리매김한 '천사의 손길'사업 등을 확대해 복지사각지대 해소 및 나눔 실천으로 복지 동구를 구현했고 코로나 19 관련해 지난 4월 동구 국민체육센터에 '코로나 19 예방접종센터'를 개소해 백신 접종을 시작하는 등 선제적으로 대응해 3년 연속 자치구 행정평가 최우수 및 행안부 재난관리실태 평가 우수 기관에 선정된 바 있다.

이처럼 지난 3년간 우리 구는 지역 주민들의 적극적인 협조와 참여 덕분에 기대 이상의 알찬 결실을 맺을 수 있었다.

그동안의 노력과 경험을 바탕으로 명품도시 동구 조성을 위한 기반을 더욱 공고히 할 방침이며 구정 각 분야에서 더 나은 성과를 맺기 위해 동구 800여 공직자와 함께 최선을 다할 것 이다.

희망찬 동구의 변화를 위해 구민 모두가 마음과 역량을 모아 주시길 바라며, 구청장으로서 스스로도 민선7기 3년을 보내는 시점에서 이제 시작이라는 각오로 더욱 분발할 것을 다짐한다.

누구나 즐길 수 있는 동구의 '열린 관광지'

대전 동구의 명품 관광지가 된 대청호 명상정원에 환경정화를 위해 종종 찾곤 한다. 코로나19가 일상이 된 요즘, 스트레스와 일상의 고립감을 해소하기 위해 많은 분이 방문하시고 계시는데 한 분 한 분 인사드리면 마스크 너머로 행복을 느끼는 모습에 큰 보람을 느낀다.

거동이 불편한 노모가 휠체어에 앉아 따스한 햇볕 아래 드넓은 대청호를 바라보고 있고 손녀들로 보이는 어린 아이들에게 물수제비를 알려주는 모습이 한 폭의 그림 같아 동구 관광지가 다양한 세대들에게 행복을 주고 있다는 생각이 들었다. 분위기를 깰 것 같아 조심히 지나가려 했으나 주변에서 알아봐 주는 분이 있어 노모와도 우연히 인사를 하게 되었다.

'청장님 제가 80대인데 이런 몸으로 손녀들과 아름다운 곳을 편하게 올 수 있어 너무 좋아요' 라는 말을 했는데 한편으로는 감사하기도 하고 한편으로는 안타까운 구석도 있었다. 동구에도 8경을 홍보하고 이 외에도 다양한 관광자원이 있지만 누구에게나 편한 관광지를 홍보하고 제공하고 있는지는 아직 부족하다는 생각이 들기 때문이다.

해외에서는 베리어프리(Barrier-free)나 유니버셜디자인(universal design)이라고 하여 관광에 있어 장애가 될 만한 시설 제거하거나 설계에서부터 모든 사람을 고려하는 개념을 통해 누구나 즐길 수 있는 권리를 보장하고 이를 관광에 적용하고 있다.

국내에서는 문체부가 한국관광공사와 함께 '열린 관광지 조성사업'을 추진하고 있고 지원 대상으로 8개 관광권역의 관광지 20개소를 선정했는데 '열린 관광지 조성 사업'은 장애인, 고령자, 영·유아 동반가족 등 이동 취약계층이 편리하고 안전하게 여행할 수 있도록 기존 관광지를 개·보수하고 누구나 즐길 수 있는 체험형 콘텐츠를 개발하는 사업이다.

관내 관광지로는 점차 대청호 명상정원을 비롯하여 현재 공사 중인 효평마루 등 누구나 즐길 수 있는 무(無)장애 관광지 조성을 위하여 엘리베이터 설치, 불필요한 턱 제거, 보행로 경사로 개선 등 편의시설을 점차 확대할 예정이다. 단순히 관광지 진입뿐 만 아니라 스토리를 활용한 공공화장실, 주차장 등에도 세심히 신경 쓸 예정이다.

올해 동구의회 신은옥 의원이 대표 발의한 관광약자의 관광환경에 대한 이동 및 접근을 보장해 관광 향유 기회 확대와 복지증진을 목적으로 하는 '대전광역시 동구 관광약자를 위한 관광환경 조성 조례안' 역시 이와 궤를 같이한다. 동구 관광지에 대한 관광환경 조성에 있어서 열린 관광지 표방과 이를 위한 인식확대 교육사업, 관광코스 개발, 모니터링 등의 사업 추진, 예산지원을 골자로 하는 것이다.

열린 관광지로의 정책은 이제 초기단계에 있다. 민선7기 구정방향을 관광 No.1로 정하고 다양한 관광 사업을 추진했지만 관광은 시작이 늦은 만큼 부족한 부분이 많다. 정책은 10년 후를 내다보고 해야 결실을 이룰 수 있고 서두에서 느낀 바와 같이 현장에서 그 해답을 찾을 수 있다.

슈퍼 복지예산과 지방정부의 과제

스웨덴은 복지선진국으로 유명하다. "요람에서 무덤까지"로 대변되는 스웨덴의 복지는 부정부패 없는 깨끗한 정부와 공직자들의 청렴, 이들에 대한 국민들의 전폭적인 신뢰와 믿음을 토대로 정착됐다.

우리나라는 최근 무상보육, 무상급식 등 보편적 복지가 실현되면서 복지예산은 기하급수적으로 증가하였고 심지어 해녀수당, 독서수당까지 등장하는 등 현금성 복지정책이 쏟아져 나오고 있다. 복지국가를 향한 국민들의 열망은 끝이 없는데 늘어난 복지 예산만큼 우리의 삶이 행복해졌는지는 생각해볼 때가 아닌가 싶다.

우리나라는 지금도 청년실업과 저 출산 고령화의 문제를 해결하기 위해 부족한 소득을 현금으로 지원하거나 취약계층에 필요한 서비스를 제공하는 복지정책 마련에 힘쓰고 있다. 예를 들어 아동수당과 실업급여, 노령연금 등을 주는 현금복지와 의료급여, 보육료, 바우처 등을 주는 현물복지가 그것이다. 복지사업의 특성상 일단 시작하면 그 규모를 줄일 수 없으며 최근 고령화 추세에 따라 지원 대상이 점차 확대될 수밖에 없다.

기획재정부의 자료에 따르면 2019년도 정부 예산중 복지관련 예산이 161조 원으로 정부 예산의 34.3%를 차지하고 있으며 2020년 국가예산 규모는 510조 원대에 달할 것으로 예상되는 가운데 복지 관련 예산은 182조 원으로 올해 복지예산(161조원)보다 21조 원 가량이 투입되며 사실상 국가예산의 35%의 슈퍼예산이 편성될 전망이다. 이는 지방비 매칭 사업이라는 예산체계에 따라 지자체에 고스란히 부담을 안겨주고 있으며 금년도 동구 살림 또한 전체예산의 64%인 2,894억이 복지예산으로 편성되었다.

그러나 폭증하는 복지예산을 감당할 묘안이나 구체적 실천 계획이 없다면 물리적 부담과 감당할 수 없는 채무만 증가하게 될 것이다. 복지예산의 엄정한 집행과 이에 따른 효과에 대한 객관적인 평가 체계, 무상복지에 대한 소득 기준별 지원 체계가 분명해야 된다는 것이 필자의 생각이다.

전국에 지방자치단체들은 심화되는 복지재원 부담 해결책을 찾고자 복지대타협특별위원회를 결성했다. 필요한 곳에 제대로 집행되고 있는지 확인하고 무분별한 현금성 복지 정책을 재검토하기 위해 올해 9월부터 2021년까지 정부 및 17개 광역자치단체가 협력해 전국에서 시행 중인 각종 현금 복지 서비스에 대한 실태조사를 실시할 예정이다. 이 중 성과가 미미한 현금 복지 서비스에 대해서는 과감하게 폐기하고, 효과가 있는 사업은 전국 단위로 시행될 수 있도록 정부에 건의할 계획이다.

해마다 복지관련 정책들이 쏟아져 나오고 있고 급변하는 복지 정책에 맞춰 바쁜 실무자들이 집행요건을 정확히 숙지해 올바르게 집행하고 있는지 지도 감사가 절실히 요구된다.

특히 현대사회는 핵가족화가 급격히 심화되면서 노인복지의 정책 실행이 앞으로의 큰 과제이자 화두가 될 것이다. 우리구의 65세 이상 어르신들은 40,134명으로 전체인구의 18%를 차지한다. 대부분 1~2인 노인 단독세대로 홀로 사는 어르신들의 숫자가 증가하고 있다. 어르신들의 봉양 또는 효도의 기준이나 방법도 사회 환경 변화에 따라 지역·사회의 범주로 변화되어 가고 있다. 내 부모에서 우리 부모 또는 지역 어르신들을 보살피는 모임단체, 회사나 기업들이 점차적으로 늘고 있는 추세이다. 어르신들을 보살피는 지방정부의 역할 또한 중요한 새로운 정책으로 자리잡아가야 한다.

그래서 우리 구는 새롭고 생소한 정책의 실행이나 집행에 있어서 "컨설팅감사제"를 통해 사전에 전문적인 복지예산 집행계획과 실무자들이 정확한 집행요건의 숙지가 원 취지와 목적이다. 구 자체감사를 관련부서와 동 행정복지센터, 사회복지시설에 대한 사후 지적 보다 사전 예방적 지도에 중점을 둔 현장 감사를 추진하고자 한다.

중앙정부의 각종시책과 맞물려 직접 집행하고 시행하는 지방정부 역할에 있어 우리구의 구정기조 중 복지넘버원으로 가는 길목에서 효율적인 업무추진과 시행착오 방지를 위한 문제점 분석 및 대안 제시, 불합리한 행태와 제도를 적극 발굴 개선하여 보조금에 대한 누수가 발생하지 않도록 관리하는 것 또한 복지사회로 다가가 '더불어 사는 행복한 삶'이라는 기본적인 과제로 앞으로 우리 사회가 가야할 큰 이슈이다.

긴 역사를 간직한
동구의 발전을 꿈꾸며

스페인의 안토니 가우디(Antoni Gaudi, 1852~1926)는 20세기가 낳은 가장 독특하고 천재적인 건축가로 알려져 있다. 그의 건축물은 자연에서 모티브를 얻어 직선이 거의 없고 곡선이 대부분인 것으로 유명하다. 동물의 뼈, 야자수, 곤충, 돌고래 등 자연의 모습에서 영감을 얻어 그의 건축물에 그대로 적용했다.

1883년 한 카톨릭 단체가 신자들의 성금을 모아 가우디에게 성당 건축을 맡기는 데 이것이 바로 그 유명한 사그라다 파밀리아 대성당(성가족성당)이다. 가우디는 이미 의뢰받은 다른 일이 있었지만 얼마 후 오로지 이 성당 건축에만 몰두하게 되고 심지어 성당 옆에 숙소를 옮기고 그동안 벌었던 전 재산을 성당 건축에 쏟아 부어 말년에는 빈털터리 신세가 된다. 이 성당은 그 규모가 워낙 커서 가우디가 죽고 나서 다른 건축가가 맡아 현재까지 건축 중이며 언제 완성될지 기약할 수도 없다. 하지만 사그라다 파밀리아 대성당은 스페인을 찾는 관광객들의 필수 코스로 보는 이들의 감탄을 자아낼 정도로 그 자태와 모습이 웅장하다.

　프랑스의 에펠탑은 프랑스 혁명 100주년을 기념해 개최된 세계 박람회를 위해 귀스타브 에펠(Gustave Eiffel)의 설계로 세워진 구조물로 박람회가 끝나면 철거될 예정이었다고 한다. 문화와 예술의 도시 파리와 어울리지 않는 '추악한 철덩어리'라는 비판을 받기도 했지만 지금은 프랑스 하면 가장 먼저 떠오르는 것이 바로 이 에펠탑이다.
　루브르 박물관은 원래 궁전이었으나 루이 14세가 베르사유에 화려한 궁전을 지으면서 주인 없는 건물로 방치되면서 각종 미술품을 보관하기 시작했다. 그러다 나폴레옹이 원정을 통해 세계 각지로부터 약탈, 조공, 매입 등을 통해 다양한 유물을 수집, 대규모 박물관으로 변모한다. 우리나라를 포함해 전 세계로부터 빼앗은 예술품을 전시해 엄청난 비판을 받고 있지만 세계에서 손꼽는 박물관이라는 데엔 이견이 없다. 그리고 이들 모두 전 세계 많은 사람들이 찾는 관광지로 유명하며 해마다 엄청난 관광 수입을 벌어들이고 있다.
　이들 사례들을 보면서 지은 지 삼사십년 만 지나면 낡은 건축물로 여기고 다시 새로 짓곤 하는 우리나라의 풍토와 사뭇 비교가 된다. 낡은 것을 벗고 새로운 것을 추구하는 것도 의미가 있겠지만, 옛 것을 버리지 않고 더 아름답고 유용하게 계승 발전시킨다는 것도 중요하다. 거기에 사람들의 마음을 움직이고 감동을 주는 스토리가 있다면 더 큰 가치를 지닌 공간과 건물로 재탄생될 수 있다.

　동구에도 지키고 계승 발전시켜야 할 스토리를 지닌 공간과 문화유산들이 많이 있다. 동구 8경 중 하나인 대전역은 서울과 부산 간 경부선 철도가 생기면서 1905년 1월 1일부터 그 역할을 시작했다. 한국철도공사와 한국철도시설공단 본사가 위치하면서 대전역은 명실공히 우리나라 철도의 메카이자 본산이 됐다. 특히 6.25전쟁 당시 북한군에 포로로 잡힌 미 제24사단장인 윌리엄 딘 소장을 구하고자 하나뿐인 목숨을 내던진 고(故) 김재현 기관사와 특공대원들의 이야기는 너무도 유명하다. 필자는 이곳에 호국철도박물관과 호국 역사공원을 유치해 철도 영웅들의 아름다운 이야기를 후손들과 전 세계인들에게 전할 수 있는 날을 고대하고 있다.

대전역 중앙시장은 대전역과 떼려야 뗄 수 없는 관계다. 대전역이 발전하면서 시장도 함께 발전했으며, 6.25전쟁 당시 피난민들이 대거 남하해 정착하면서 한강 이남에서 가장 큰 재래시장으로 성장하기도 했다. 그래서인지 아직까지도 예전의 그 푸근함과 살가움이 남아있는 동시에 KTX와 지하철의 개통으로 활기도 넘친다. 한의약거리, 인쇄거리, 한복거리, 생선 건어물 거리 등 여러 가지 분야로 특화돼 있고 가격도 저렴해 방문객들의 수요를 충족하는데 부족함이 없다.

동구 8경 중 하나인 우암사적공원 역시 조선 후기 대유학자 우암 송시열 선생이 머물던 곳으로 특히 남간정사는 송시열 선생이 제자들을 강학하던 곳이다. 매년 10월이면 이곳에서 우암문화제를 개최해 선생의 고귀한 정신을 기리며 다채로운 전통문화를 체험하는 축제를 벌인다. 올해로 24돌을 맞는 이 우암문화제를 확대운영 추진 중에 있으며 배움과 앎이 넘치는 공간으로 재탄생시킬 예정이니 지켜봐달라.

대전 동구는 대전의 과거·현재·미래가 공존하는 곳이다. 주민들이 불편하고 미관상 좋지 않은 곳은 철거하고 새로 지어야하지만, 오래되고 아름다운 옛 것을 잘 보존하고 가꿔서 현재 뿐만 아니라 먼 훗날 후손들도 그 혜택을 누릴 수 있도록 하는 것이 바로 우리가 해야 할 일이다. 오랜 세월 대전이 생성시켜온 문화와 삶의 향기가 배어 있는 모태도시 동구의 문화를 활용한 도시활성화, 그것이 진정 대전 동구가 발전하는 길이다.

대전 동구
주거환경 개선사업의 조속한 추진으로
대전의 중심구로의 도약 기대

우선, 주거환경개선사업에 대하여 소개해 볼까 한다. 정비사업으로는 주거환경개선사업, 재개발사업, 재건축사업이 있다.

이 중 주거환경개선사업은 주거지역 중 기반시설이 극히 열악하고 노후·불량 건축물이 과도하게 밀집되어 있는 등 주거환경이 극히 불량한 지역에 추진하는 공익적 목적의 정비사업으로 동구에 현재 추진중인 공동주택방식의 주거환경개선사업구역은 천동3, 대동2, 소제, 구성2구역이 있다.

동구는 역사와 전통을 자랑하는 반면 원도심으로써 기반시설 및 편익시설 부족으로 인한 지역주민 전출 및 유성구, 서구의 개발에 밀려 주거환경이 극히 열악한 실정으로 주거환경개선사업을 통하여 주민들의 주거환경개선을 통한 원주민 재정착 및 주변 도시의 인구유입을 통한 원도심활성화를 도모코자 추진하여 왔다.

그러나, 「천동3구역 주거환경개선사업」은 2006년 8월 정비구역지정 후 2009년 10월 건축심의까지 이행하였으나, 2009년 대한주택공사와 한국토지공사의 통합 및 통합된 한국토지주택공사(LH)의 재정 악화에 따른 사업 중단 선언으로 장기간 사업이 표류하게 되었다.

이에 구 관계자와 주민들이 수차례의 국토부 방문 및 정치권에 사업재개의 필요성을 타진하여 대통령, 시장, 구청장 공약사항 포함 및 LH로부터 사업재개 방안마련에 대한 의지를 이끌어 내어 현재의 사업시행계획인가까지 이르게 되었다.

주거환경개선사업은 지난 10여 년간 지지부진한 사업추진으로 인해 공가와 폐가는 늘어나고 야간에 부녀자 및 어린아이들이 위험에 노출되는 등 지역주민의 불편과 고통은 이루 말할 수 없는 처지로 대부분의 지역주민은 한 시간이 하루 같고, 하루가 한 달같은 맘으로 조속한 주거환경개선사업의 추진만 기다리고 있는 상황이었다.

그러나 각고의 노력 끝에 마침내 천동3구역 주거환경개선사업이 성공적으로 이루어지면서, 대동2구역과 구성2구역, 소제구역도 단계적으로 이루어지게 되었다. 그동안 수십년간을 오매불망 달동네의 설움속에 살았던 주민들에게 단비가 아닐 수 없다. 이렇게 물꼬를 튼 4곳을 끝으로 동구의 달동네 없애기 주거환경개선사업은 끝장을 보게 되었다. 전국에서 가장 많은 주거환경개선사업을 마무리하게 된 것이 필자에게는 가슴벅찬 보람이지만, 우리 동구로서는 가히 천지개벽을 맞이하는 것이다.

공영개발이 순조로와지자 민영개발도 활황화되었다. 대전역세권 복합2구역에 1조 원 규모의 민자 유치가 성사되는가 하면, 16개 동에 30곳에 이르는 공·민영개발이 가시화되었다. 곳곳에서 부동산 가격이 오르는 소리가 들릴 정도다. 이제 그 누가 동구를 못사는 지역이라 하겠소!

나눔 냉장고와 빨래방, 그곳에서 봉사하는 위대한 영웅들

한국의 슈바이처라고 칭하는 장기려 박사는 평생을 빈민 의료치료와 구제를 위해 헌신하였다. 이분과 관련된 일화는 너무 많다. 그중에 몇 가지를 소개하면 어느 날 한 환자가 병원을 찾았는데 영양실조였다. 장기려 박사는 그에게 닭 두 마리 값을 내어 주라는 처방을 내렸다고 한다. 장기려 박사는 6.25 전쟁 당시 가족을 북한에 두고 내려왔다. 정부에서 그에게 세 번이나 가족 상봉의 기회를 제공했지만 번번이 거절했다. 자신으로 인해 어떤 한 사람이 가족을 만날 기회를 놓치는 것이 못내 안타까웠기 때문이다.

그는 부산에서 청십자 의료보험조합을 만들어 형편이 어렵고 가난한 빈민들에게 의료혜택을 받을 수 있도록 했다. 이는 훗날 우리나라 건강보험제도의 기초가 됐다. 돌아가실 때까지 유산은 커녕 유품도 거의 없었다고 한다. 그야말로 진정한 봉사와 헌신의 선구자 이자 사랑의 기적을 이루어낸 진정한 영웅(英雄)이다.

필자가 생각하건데 장기려 박사처럼 한 시대를 살아가면서 후세사람들에게 업적을 남기기는 쉽지 않은 것 같다. 너무나 많은 희생과 결단, 재능이 필요하기 때문이다. 그러나 주위에 어려운 이웃을 살피는 장기려 박사의 따스한 마음과 같이 나를 희생하고 주위를 돌보는 아주 평범한 주민들이 우리 동구에 많이 있어 아주 든든하다. 그들은 바로 나눔냉장고와 무료 빨래방을 운영하고 있는 주민들, 우리 곁에 있는 보이지 않는 천사의 손길로 손짓하는 영웅들이다.

나눔냉장고는 넣어 둔 먹거리를 어려운 이웃들이 계속해서 꺼내 먹어도 비워지지 않는 화수분과 같다. 어려운 주민들이 한 끼 식사를 위해 나눔냉장고를 찾는다. 냉장고에서 먹거리를 꺼내 가면 누군가는 채운다. 정기적으로 후원하시는 분도 있고 시장이나 마트에서 장을 보다가 이웃에 사는 홀로사는 어르신, 소년소녀 가장의 한 끼 식사가 걱정되는 애틋한 마음으로 "나눔냉장고"나 "행복채움 바구니"에 넣어 두고 가시는 분들이 하루가 다르게 점차 늘어가고 있다.

용운동에서 시작된 이 아름답고 지혜로운 사업은 처음에는 시장에서, 식당에서 소수의 후원자들이 조금씩 채우던 것이 점점 후원자들이 불어나 이제는 주민이 자율적으로 나눔을 실천하는 신개념 복지시책으로 자리매김하고 있다.

나눔냉장고는 개인주의로 발생하는 여러 가지 사회문제를 해결할 수 있다. 아울러 이웃 간의 정을 나누는 아름다운 공동체 문화로 만들어 나갈 것으로 기대하고 있다. 식자재의 무분별한 낭비를 막아 환경문제를 해결하고 지역경제 활성화에도 도움이 될 것이다.

무료빨래방에서 활동하는 영웅들도 있다. 거동이 불편한 어르신이나 장애인 가구를 방문하여 혼자서 빨기 어려운 이불, 담요 등을 수거해서 주민센터 등에 마련된 빨래방에서 세탁하고 말리고 소독까지 한다. 그리고 다시 집집마다 방문해서 깨끗한 세탁물을 전달해 드리면서 안부도 살핀다.

거동이 불편한 어르신들은 일상복은 물론 무거운 빨래감을 처리하기 곤란하고 세탁도 어려워 먼지나 세균이 발생하여 어르신들의 건강마저 위협했다. 그러나 이제는 이러한 안타까움을 다소나마 털어낼 수 있는 빨래방의 보이지 않는 천사와 같은 영웅들의 활동으로 어르신들이 보다 쾌적하고 건강한 환경 속에서 지내실 수 있게 됐다.

필자는 나눔냉장고와 무료빨래방에서 이웃을 돕는 분들의 사랑이 담긴 헌신적 마음이 보이지 않는 손길을 통해 이웃에게 전달될 것으로 본다. 그리고 그 결과는 작은 나비의 날개 짓들이 나비효과처럼 나중에는 예상하지 못할 엄청난 파급효과로 우리 동구, 더 나아가 대전을 넘어 전국적인 복지시책으로 거듭나기를 기원한다.

민선7기 들어 새로이 시작한 나눔냉장고와 무료빨래방은 더욱 충실해진 천사의 손길 시책과 함께 우리 동구의 대표적인 복지브랜드가 되었다. 행안부로부터 혁신챔피언벨트를 수여받았고, 산자부로부터는 복지브랜드대상을 수상했다. 자연 전국의 많은 지방정부가 벤치마킹하러 동구로 몰려오니 그 얼마나 기쁜 일인가! 그야말로 창의적이고 적극적인 행정과 봉사하는 천사의 손길들이 이루어낸 자랑스런 성과물인 것이다.

천동(泉洞)개벽 완성의 마지막 퍼즐…
'천동중학교 설립'
중도일보 2022년 2월 8일 기고

　대전 동구는 유달리 외자 이름을 가진 동(洞)이 많다. 대전역세권에는 정동과 중동, 원동이 있고 조금만 남쪽으로 내려오면 대동과 인동, 효동 그리고 천동이 있다.
　오늘 필자는 천동에 대해 이야기하고자 한다. 천동(泉洞)이라는 동명은 동네에 좋은 약샘이 있는 샘골이 있다고 하여 붙여진 이름이다. 정겨운 마을 풍경을 지녔던 천동은 시간이 지나 활발한 주거환경개선사업을 통해 천동1구역과 천동2구역에 2669세대의 대규모 아파트단지가 들어서는 등 동구의 대표 신흥 주거지역으로 변모했다.
　또, 천동3구역 주거환경개선사업을 통해 3463세대의 아파트가 추가로 들어설 예정이며 지난해 4월에는 동구의 '마지막 달동네'로 불렸던 천동 알바위 지역이 국토교통부의 '주거재생 혁신지구'로 지정돼 개발을 앞두고 있다. 가히 천동개벽(泉洞開闢)이라고 할 수 있다. 하지만 활발한 개발로 동구 발전의 큰 역할을 하는 천동에도 아쉬운 점이 하나 있다. 바로 도보로 등교가 가능한 중학교가 없다는 것이다.

중학교가 없는 불편함은 비단 천동의 일만은 아니다. 천동 인근 지역은 각종 주거환경개선사업과 재개발사업 추진에 따른 인구 유입의 급격한 증가로 천동중학교 신설에 대한 요구가 그 어느 때보다 거세다.

하지만 교육 당국은 개발에 따른 증가 학생은 기존 5개 중학교에 분산 배치하거나 학교 증축을 통해 얼마든지 대응이 가능해 중학교 신설은 불가하다는 입장이다. 천동중 신설이 현실과는 동떨어진 규정들에 가로막혀 있는 것이다. 교육청의 입장이 이해 가지 않는 것은 아니다. 그러나 교육권 보장과 학생불편 해소를 위해 천동중학교는 반드시 설립되어야 한다. 필자가 교육위원 시절 교육청에 천동중학교 설립을 수시로 요청한 적이 있었다. 그때 교육청은 천동3구역 주거환경개선사업이 성공하면 적극 검토하겠다고 했다. 그런데 막상 사업이 성사되니 입장이 달라졌다.

예전에는 버스를 타거나 먼 거리를 걸어 통학하는 것에 불만을 가진 사람이 많이 없었다. 하지만 시대가 변했다. 먼 거리를 통학했던 학생들이 자라 학부모가 된 지금 6132세대의 아파트가 들어선 천동에 도보로 통학할 수 있는 중학교가 없다는 것을 시민들은 이해할 수 없을 것이다.

필자는 민선 7기 공약사업으로 천동중학교 유치를 구민들께 약속드린 바 있다. 동구는 민선7기가 시작된 2018년 여름부터 천동중학교 신설의 필요성과 당위성을 제기하며 적극적인 노력을 펼쳐왔다. 필요할 때는 직접 발로 뛰기도 했다. 지난 2019년 12월에는 교육부를 직접 방문해 박백범 교육부 차관을 면담하고 천동중학교 신설을 적극적으로 검토해줄 것을 요청했다. 천동 초·중 통합학교 설립, 소규모 학교 이전 설립, 분교 건립 등 당시 박 차관이 제시한 3가지 대안에 대하여 교육청은 오불관언의 자세였다.

　지난해에도 천동 초·중학교 통합학교 설립을 위한 협의차 교육청을 방문했고 천동 인근 7개 학교 운영위원 간담회를 실시하는 등 천동중 설립에 다각적인 노력을 펼쳤다. 올해 1월에는 인근 주민 800여 명의 천동중학교 설립 요청 탄원서를 들고 교육청을 방문해 천동중 설립의 당위성을 설명했다. 이제 민선7기도 얼마 남지 않았다. 짧다면 짧고 길다면 긴 시간이다. 필자는 이 시간을 허투루 쓰지 않고 천동중학교가 설립될 수 있도록 최선을 다할 것이다. 천동중 설립으로 천동개벽에 화룡점정을 찍고 구민이 행복한 동구, 신바람 나는 동구 만들기에 전념하고자 한다.

　그러던 중 낭보가 들어왔다. 마침내 9년전 필자와의 약속을 지켜, 천동3구역에 3,463세대가 들어서게 되자 교육청은 교육부와 적극적인 협의를 하여, 조건부이긴 하지만 천동중학교 설립을 확정진 것이다. 이 마지막 퍼즐을 맞추는데 수고한 동구청과 교육청 관계자들, 그리고 무엇보다 마음고생이 컸던 교육가족과 천동중설립추진위원회의 노고에 이 자리를 빌어 감사를 드린다.

　하지만 아직도 미흡한 점이 있다. 학교 설립에 5백억 원이면 충분한데, 개교 시점을 4년후 2027년으로 잡았다는 점이다. 그다지 큰 예산도 아니기 때문에 예산 마련은 그닥 어렵지 않다. 2024년에 대규모의 새 아파트가 완공되어 입주하게 될 것을 감안한다면 좀더 적극행정으로 최소한 2025년에는 개교할 수 있어야 한다. 이것까지 맞추어야 퍼즐은 완성된다!

대전 동구에 부는
천지개벽

대전 동구에 부는 천지개벽
황인호 수필집

발 행 일 | 2023년 12월 8일

지 은 이 | 황인호
발 행 인 | 李憲錫
발 행 처 | 오늘의문학사
출판등록 | 제55호(1993년 6월 23일)
주　　소 | 대전광역시 동구 대전로867번길 52(한밭오피스텔 401호)
전화번호 | (042)624-2980
팩시밀리 | (042)628-2983
전자우편 | hs2980@hanmail.net
카　　페 | cafe.daum.net/gljang(문학사랑 글짱들)
　　　　 | cafe.daum.net/art-i-ma(충청예술문화)

공 급 처 | 한국출판협동조합
주문전화 | (02)716-5616
팩시밀리 | (02)716-2999

ISBN 979-11-6493-304-4
값 20,000원

ⓒ 황인호, 2023

* 잘못 제작된 책은 구입한 서점에서 바꾸어 드립니다.